Dayris Bermúdez

Caminando bajo las riquezas espirituales de Dios

Dayris Bermúdez

Caminando bajo las riquezas espirituales de Dios

Testimonios reales de las manifestaciones divinas de Dios

CREDO EDICIONES

Cover image: www.ingimage.com

Publisher:
CREDO EDICIONES
is a trademark of
Dodo Books Indian Ocean Ltd. and OmniScriptum S.R.L publishing group

120 High Road, East Finchley, London, N2 9ED, United Kingdom
Str. Armeneasca 28/1, office 1, Chisinau MD-2012, Republic of Moldova, Europe
Printed at: see last page
ISBN: 978-613-5-63209-5

CAMINANDO BAJO LAS RIQUEZAS ESPIRITUALES DE DÍOS

TESTIMONIOS REALES DE LAS MANIFESTACIONES DIVINAS DE JESÚS

LICDA. DAYRIS BERMÚDEZ

VENEZUELA - NOVIEMBRE 2023

VOLUMEN I

TESTIMONIOS REALES DE LAS BENDICIONES DE DIOS

LOS PLANES DEL ALTISIMO LLEVAN EL SELLO DE SU SOBERANIA...

POR LO TANTO...

SON INQUEBRANTABLES...

Números **Páginas**

Caminando bajo las Riquezas Espirituales de Dios, es una obra literaria inspirada en testimonios reales, que evidencian claramente las manifestaciones poderosas de Jesucristo en mi vida, todos los capítulos son un compilado de vivencias y versículos bíblicos, guiados por una invariable búsqueda del Señor.

Caminando bajo las Riquezas Espirituales de Dios, es un alimento espiritual que nació por la inquietud que el Señor puso en mi corazón de llevar la palabra a las personas que aún no lo conocen, deseen aumentar su fe y decidan caminar bajo la divina voluntad del él.

En este libro se relatan testimonios serios y experiencias fascinantes, que a través de llevar una búsqueda constante de fe, lograron forjar un camino lleno de esperanza, creyendo que a futuro Jehová seguirá moviéndose de una manera sobrenatural, profesando que vienen mejores momentos, y el cumplimiento de grandes y extraordinarias promesas que tiene el Señor preparadas para el creyente que habita bajo su abrigo. Muestro experiencias milagrosas, impresionantes y fidedignas de lo que Dios puede hacer en la vida de sus hijos, a través de visiones, revelaciones y sueños cumplidos que dejan ver el propósito del Padre Celestial hacia los que le temen.

Estimado lector, si anhelas un cambio positivo en tu vida, ¡Usted no está solo! El libro que tiene en sus manos está saturado de esperanza, es una perla preciosa, es un tesoro que le puede guiar a un genuino encuentro con el Señor.

Querido lector, si te sientes quebrantado o angustiado, considera esta obra, como una invitación de Dios para levantarte, si te encuentras en un lugar de fracaso y frustración, permite que estos testimonios reales te inspiren a creer en el poder salvador y sanador de mi Padre Celestial, que no hay imposibles para él, que él nos ama con amor eterno, nos guía y nos protege, deseo que también experimentes la generosidad de Dios y tomar la decisión de dejar todo atrás y seguir su fundamento.

¡Espero que a través de esta lectura, seas más bendecido!

¡Es tiempo de creer y crecer¡

¡La oportunidad les llega a todos¡

"Y Jehová me respondió, y dijo: Escribe la visión, y declárala en tablas, para que corra el que leyere en ella"

1. - NUEVO NACIMIENTO.

Y me mostró en sueño 7 pantallas de TV plasma en el cielo, cuando aún esos TV no habían sido inventados. Fue una etapa difícil de mi vida, con un hijo pequeño, sin empleo, sin medios financieros, vendiendo productos cosméticos, cortando cabellos y confeccionando ropas para cubrir los gastos básicos, y ahorrando con mucho esfuerzo para poder construir dos habitaciones.

Un día al verme allí en ese ambiente que no era agradable, acostumbrada a vivir mejor, me sentí destruida, me deprimí al extremo que empecé a llorar sin consuelo, recuerdo una noche, donde se alborotaban cantidades de insectos que se escondían en las hendijas de los bloques de las paredes sin frisar y volaban sin parar, asustada arropaba mi hijo, allí pasaban las horas hasta que los insectos se aplacaban, fueron momentos duros.

Un viernes santo a las 12:00 M, entré en aflicción de espíritu, al analizar mi situación, sentí que no lo merecía porque siempre fui una persona temerosa de Dios, y siempre ayudando al prójimo, aún sin poder, en ese momento le pedí a mi

Padre Celestial arrodillada, llorando que me sacara de esa situación, aunque no estaba tan mal, me veía en miseria, porque tenía toda una vida estudiando, con estudios universitarios, cursos y muchos conocimientos que percibía que no me servían de nada, porque no había podido conseguir un buen empleo. Ese día arrodillada lloré tanto a los pies de Cristo Jesús hasta quedarme dormida y Dios escucho mi oración.

Él cumplió su palabra como dice en: **Jeremías 29:13 Y me buscareis y me hallareis, porque me buscareis de todo corazón.** Al siguiente día sentí una inmensa paz que lleno toda mi alma, la tristeza, la angustia, la desesperación, la ansiedad, habían desaparecido.

A los días recibo una llamada, el Gobierno me entregó un préstamo que había solicitado desde hace tiempo, el dinero me alcanzó para comprar material, cemento, arena, pintura y pagar mano de obra para frisar y pintar las dos habitaciones, gracias a Dios cambié las condiciones físicas donde vivía, por un mejor ambiente. **Mateo 6:33 Más buscad primeramente el reino de Dios y su justicia, y todas estas cosas os serán**

añadidas. Al poco tiempo soñé que era de noche y vi en el cielo 7 pantallas de TV plasma, que para ese tiempo ni remotamente existían esos televisores, cada pantalla en el cielo mostraba un pecado como: alcoholismo, prostitución, guerra, droga, adulterio y otros que no los recuerdo.

En ese momento, del cielo salió una inmensa bola de fuego y cayó al suelo en el patio de la casa donde vivía y se enterró, dejando un gran hueco, de allí salió a la superficie un carro antiguo, color blanco crema, como una limusina, impecable con muebles de cuero del mismo color y se abrió la puerta derecha y salió una niña como de 09 años, blanca de pelo liso largo y rubio, con vestido de niña color crema.

Todos mis vecinos asombrados, habían llegado a mi casa y rodearon el carro, pero la niña solo me veía, en el sueño tuve miedo, y dije: "mejor camino para atrás" y me alejé poco a poco para que no se diera cuenta, pero ella comenzó a caminar delante de mí, mientras yo caminaba para atrás, me alcanzó, me agarró por la cintura y con una fuerza sorprendente me impulso al cielo, mientras subia, sentí un frio maravilloso que entraba en todo mi cuerpo hasta los hueso, fue una experiencia hermosa e increíble, no tengo palabras para explicarlo, algo hermoso y sobrenatural sucedió. **Hebreos 4:12 Porque la palabra de Dios es viva y eficaz, y más cortante que toda espada de doble filo; y penetra hasta partir el alma y el espíritu, las coyunturas y los tuétanos, y discierne los pensamientos y las intenciones del corazón.**

Subí a las nubes y me dijeron: ¿A dónde quieres ir? Y dije: "quiero ver algunas casas y bajar", y desperté. Sucedió algo impresionante pero lo más grandioso fue que al despertar todavía sentía en mi cuerpo todo lo vivido, o sea, no fue un sueño todo fue real, al siguiente día seguía esa sensación de gozo tan grande en mi corazón, una enorme alegría.

Sentí que Dios me libertó de una brujería que me había hecho un familiar, eso me mantenía en ruina, Dios limpió mi cuerpo, mi alma y mi espíritu, me había libertado, me había sacado del yugo del opresor. ¡Guaooo¡, así pasé tres días sintiendo ese estremecimiento en mi piel y una felicidad tan inmensa que hay que vivirlo para entenderlo, me sentía como flotando en el aire, en las nubes, sentí que mi Padre Celestial me amaba, se sentía importante porque la mano de Dios me había alcanzado, fue glorioso. Luego pasaron unos días y me llamaron del Ministerio del Poder Popular para la Educación, desde ese momento comencé a trabajar y aproximadamente a los 2 meses de haber comenzado, recibí mi primer pago.

Todo un año de servicio, mi fecha legal de ingreso fue el 07 de enero y comencé a trabajar en septiembre y en noviembre tenía en mi cuenta bancaria el pago completo de un año de servicio con vacaciones y utilidades incluidas.

Increíble, cuando vi esa cuenta no lo podía creer ¡Dios mío, tu eres grande y poderoso¡ compre comida para la casa de mi mamá y regalé algunas cosas a familiares, ese pago me daba para construir una casa o comprar un carro nuevo, tenía que decidir, pero como tenía otro terreno que era una herencia, decidí construir otra casa. Dios cumpliendo sus promesas. **Zacarías 4:6: Entonces respondió y me habló diciendo: Esta es palabra de Jehová para Zorobabel, y dice: "No con ejército, ni con fuerza, sino con**

mi espíritu, ha dicho Jehová de los ejércitos". En poco tiempo, mi vida cambio cuando decidí rendirme a los pies de Jesucristo, buscarle de corazón, y leer la biblia. Dios no se aleja, nosotros nos alejamos de él, he sido temerosa de Dios pero fui rebelde porque no lo buscaba, desde ese momento comenzó mi búsqueda a Dios y mi vida dio una vuelta para mejor, en todos los aspectos, en lo espiritual y financiero, luego, comencé a visitar algunas Iglesias para ver donde me congregaba.

Salmo 68:6 Dios hace habitar en familia a los desamparados; saca a los cautivos a prosperidad; más a los rebeldes habitan en tierra seca. Estaba en cautividad de brujería que me mantenía en tierra seca y pobreza de espíritu por mi rebeldía de no buscar de Dios, pero él cambió mi vida, cuando lo acepte como mi único y verdadero salvador.

2. - *BUSCANDO A JESUCRISTO*

En la búsqueda por conocer más de Dios, llegué a asistir a varias Iglesias como visitante pero no me encontraba a gusto, seguía en mi búsqueda, y comencé a asistir los domingos a una Iglesia, con el propósito de aceptar a Jesucristo como mi único y verdadero salvador.

El 1er domingo el servicio estuvo bueno pero sentía que faltaba algo y no sabía que, y dije: "el próximo domingo si lo acepto", así pasé el 2do domingo, el 3er domingo sentía todo igual y dije: "hasta que no sienta algo diferente no hago la oración de salvación, quiero sentirlo en mi ser, quiero sentir que verdaderamente él es real".

El 4to domingo dije: "Hoy es el día", comenzó el servicio y cuando comienza la predicación fuerte del Pastor, comencé a sentir algo increíble en mi cuerpo, sentía algo que nunca había experimentado y comencé a llorar, sin saber que pasaba, eran chorros y chorros de lágrimas que salían de mis ojos, trate e hice lo posible por no llorar y era peor, no puede controlar el llanto y lloraba desconsoladamente, pero a la vez, era glorioso sentir su presencia, era un llanto de gozo, después no quería quitarme de su presencia. **Juan 7:38 El que cree en mí, como dice la escritura, de su interior correrán ríos de agua viva.** Dios llenando un alma sedienta de él, en mi ser corrían ríos de agua viva.

Al finalizar el Pastor llama a los que querían recibir a Cristo para realizar la oración de fe, intente pasar al frente pero algo no me permitía, fue una guerra espiritual tan fuerte, que quería pasar pero no podía mover mi cuerpo, allí batallé, hasta que pude mover mis pies y dar el primer paso, sentí que me llevaron al frente donde estaba el Pastor.

Pero a duras penas pude repetir las palabras que decía el Pastor, porque el llanto no me dejaba hablar, hasta que logré repetir toda la oración y el llanto, terminó. Me sentí libre, sentí un gozo tremendo en mi corazón, era una alegría tan inmensa, fueron unos minutos de experiencia sobrenatural, única, que solo viene de parte del Padre del Hijo y del Espíritu Santo, pero hay que buscarlo para poder sentirlo.

Juan 4:14 Más el que bebiere del agua que yo le daré, no tendrá sed jamás; sino que el agua que yo le daré será en él una fuente de agua que salte para vida eterna.

3 - UNA LUZ AL FINAL DEL CAMINO

Comienza con unos insoportables dolores de cabeza y decido ir al Médico, me mandan a realizar exámenes, entre ellos una Resonancia Magnética (RM) de Silla Turca (Cerebro), lo cual, los realicé en una Clínica por medio de la Póliza de Seguro del MPPE, donde me hospitalizaron por dos días.

Sucede que en la mañana mientras esperaba en la habitación para realizarme la RM, dormí y soñé: que iba caminando por una calle oscura de noche, mientras caminaba cerraba los ojos del miedo que me envolvía, el camino era largo, pensaba que me iban a matar o robar, mientras seguía caminando me angustiaba porque había caminado mucho, en ese momento, vi al final del camino una luz, muy resplandeciente que me cubrió, fue cuando pude respirar y desapareció el miedo, luego desperté. **Salmo 119:105 Lámpara es a mis pies tu palabra y luz para mi camino.** Al despertar vino a mi mente "VERAS LA LUZ AL FINAL DEL CAMINO", ese sueño me impacto, y pude interpretar, que iba a pasar por un proceso largo, sentía que tenía que ver con el examen que me iban a realizar, pero a la vez sentía en mi corazón que iba a "VER LA LUZ AL FINAL DEL CAMINO".

Luego me buscaron a la habitación para realizarme la evaluación y debía esperar hasta la tarde de ese día los resultados, desde ese momento estuve muy inquieta esperando la tarde que la Doctora llegara con los resultados, total no esperé y fui a la oficina de administración y pregunté sobre el examen y la enfermera me preguntó:

_ ¿Es usted la paciente?

Y respondí:

_Si

Ella hizo un gesto de asombro con la cara y eso me estremeció, agarre el sobre y baje rápido a la habitación casi con la vista nublada por los nervios, porque sentía que las cosas no estaban bien. Ya en la habitación abrí el sobre con mi mamá y en efecto algo no estaba bien, los resultados, arrojaron un MICRO ADENOMA HIPOFICIARIO de 0,4mm.

Luego llegó la Doctora y confirmó la existencia de un micro adenoma en el cerebro, me dijo que tenían que operarme, que si eso no se sacaba rápido iba a perder la vista y la movilidad total de mi cuerpo, podía quedar vegetal, pero que no iba a morir porque la ciencia había avanzado mucho y esa operación la podían realizar por la nariz, para no dejar cicatriz en la cabeza.

Desde eso momento comenzó el calvario en mi vida, busque otros Doctores con la esperanza que dijeran lo contrario y todos dieron el mismo resultado. Cuando vemos la muerte cerca las cosas comienzan a caminar de otra manera, comenzaron las noches de insomnio y de angustia porque tenía un hijo pequeño y me mortificaba saber que lo podía dejar solo, comencé un tratamiento que compré y que casi no pude tomar, cada vez que tomaba esas pastillas que eran para el cerebro, me atacaban los nervios y era peor, sentía que moría, me daba de todo y las abandone. Pasaron 2 años, me realicé otra RM de Silla Turca, como resultado el Micro Adenoma había aumentado a 0,8mm, o sea, el doble de tamaño, pasaba el tiempo y los días eran fuertes trataba de no llorar, pero al llegar la noche era desesperante, muchas veces amanecía y no había dormido, no tuve ayuda de mi familia porque no les comentaba como me sentía.

Cuando caía en desanimo recordaba el sueño donde caminaba por una calle oscura pero "AL FINAL DEL CAMINO VI LA LUZ", ese sueño me llenaba de fortaleza, aliviaba mi alma, porque sabía que Dios me lo había mostrado antes para fortalecerme cuando me abatiera el desánimo, a través de ese sufrimiento comencé a asistir más seguido a la Iglesia.

En una oportunidad me pararon en el centro de la Iglesia y todos me rodearon para orar solo por mí, de allí salí a las 9:30 PM, llegue a la casa, me dormí como a las 11:00 PM, soñé que estaba en la Iglesia donde todos me rodearon y oraban por mí, yo oraba fuerte como la Pastora, me desperté y me vuelvo a dormir y sueño lo mismo, vuelvo a despertar y volví a soñar lo mismo, soñé tres veces el mismo sueño, hasta las 5:00 AM que desperté con un cansancio el cerebro, asi tuve que ir a trabajar.

Entonces entendí, sentí y creí que Dios había intervenido en mi vida, que él me había sanado, al poco tiempo los dolores de cabeza fueron disminuyendo y decidí realizarme otra RM confiando en el poder sanador de mi Padre Celestial, al tener los resultados lo llevo al Neurocirujano, cuando él lee los resultados de la RM, me dice;

_Todo está normal, aquí no hay nada

Le respondí;

_Lea bien porque allí si hay algo

El vuelve a repetir;

_Sus resultados están normales

Le repetí por tercera vez;

_Doctor lea bien

Al Doctor no le agradó y con un tono de voz fuerte, repitió:

_Señora dije que los resultados están normales,

No lo creía, era increíble, era un milagro de Dios en mi salud, entendí que Dios me había sanado, el Micro Adenoma había desapareció. Dios me preparó por medio del sueño antes de realizarme el examen, me mostró lo que me iba a suceder, me mostró que iba a pasar por un camino oscuro, pero al recordar el sueño, me decía voy a ver la luz al final del camino y me llenaba de fortaleza en esa dura etapa.

Fueron años de angustias, pero Jehová Dios me dio la victoria. **Juan 8:12 Otra vez Jesús les hablo diciendo: yo soy la luz del mundo; el que me sigue no andará en tinieblas, sino que tendrá luz de vida.** Les muestro fotos de los Informes Médicos realizados en los años de tribulación, es una evidencia de la veracidad de lo que escribo y de las maravillas que Dios Padre puede hacer en nuestras vidas, si tenemos fe y creemos que él es verdaderamente Poderoso.

INSTITUTO CLÍNICO INFANTIL, C.A.

R [illegible] 09509094 9 NIT 001657940

SAN FELIX, 04 DE OCTUBRE DEL 2007

PACIENTE : DAYRIS BERMUDEZ
EDAD : 38 AÑOS
ESTUDIO : RM DE SILLA TURCA

INFORME

Se realizaron cortes sagitales y coronales con técnica para contraste T1 y axiales con técnica para contraste T2, previa a la administración de contraste paramagnético (Gadolinium DTPA) y cortes coronales con técnica para contraste T1, posterior a la inyección del mismo.

Glándula hipofis[illegible] de tamaño, morfología e intensidad de señal conservada, existiendo adecuada di[illegible]ciación entre la adeno y neuro hipófisis, llamando la atención la presencia de [illegible]eña imagen redondeada, de hipo captación del medio de contraste, de aproximad[illegible]nte 0.4 mm, mejor definida en el scan 5.7 (flecha), en probable relación a micro[illegible]noma.

Tallo hipofisiario central. Quiasmas ópticos sin aparentes alteraciones.

Regiones supra y [illegible]selares e hipotalámica sin aparentes alteraciones.

El parénquima [illegible]e infra-tentorial evaluado no muestra alteración en su intensidad de señal [illegible] sugiera la presencia de L.O.E., MAV, áreas de reblandecimiento, colec[illegible] intra o extra axiales u otras alteraciones, sin captación anómala del medio de con[illegible]te paramagnético.

Sistema ventricular de tamaño y morfología conservada.

CONCLUSION

- LOS HALLAZGOS SEÑALADOS SON COMPATIBLES CON PRESENCIA DE MICRO ADENOMA HIPOFISIARIO.
- CORRELACIONAR CON HALLAZGOS CLINICOS Y ANTECEDENTES.

ATENTAMENTE,

PACIENTE : DAYRIS BERMUDEZ
EDAD : 40 AÑOS C.I:
REF. POR : SEGUROS CARONI
ESTUDIO : RM DE SILLA TURCA
FECHA : 26/11/09

INFORME

Estudio practicado con secuencias de agua y grasa siguiendo los ejes cortos y largos de la hipófisis con bobina especial en equipo de alto campo magnético previo y posterior a la administración del medio de contraste paramagnético **GADOLINIUM DPTA**, para valoración de la hipófisis.

Silla turca de tamaño y señal normal, la glándula hipofisaria muestra tamaño normal pero me llama la atención en la imagen axial N° 3 una imagen de defecto focal en el lado derecho de la glándula que no capta contraste y que se sospecha la porción micro-adenoma de 8 mm en el lado derecho glandular. La lesion no [illegible], no hay lesion extra-glandular. La cisterna supraselar y el quiasmas optico son normales. No hay lesion supra, infra, para ni retroselar. Senos cavernosos y arterias carótidas normal.
Pares craneales normales.
Senos esfenoidales normales.
La porción del parénquima cerebral es normal.
El endocráneo es normal. No hay lesiones hipercaptantes del gadolinium inyectado ni lesiones hiper intensas en T2 en el endocráneo.

CONCLUSION:
DEFECTO DE CAPTACION EN EL LADO DERECHO DE LA GLANDULA HACIA EL AREA CORTICAL MIDE 8 MM VER IMAGEN CORONAL N° 13 SOSPECHA DE MICRO-ADENOMA HIPOFISIARIO, NO HAY LESION EXTRA-SELAR. RESTO DE DE LA LESION HIPOFISIARIA ES NORMAL.

Atentamente,

Dr. Mario Casado Cassita

SERVICIOS DE DIAGNOSTICO HELITAC, S.A.

PACIENTE : DAYRIS BERMÚDEZ
EDAD : 43 ANOS C.I:
REF. POR : C.V.G
ESTUDIO : RM DE SILLA TURCA
FECHA : 15/11/12

INFORME

Estudio practicado con secuencias de agua y grasa siguiendo los ejes cortos y largos de la hipófisis con bobina especial en equipo de alto campo magnético previo y posterior a la administración del medio de contraste paramagnético **GADOLINIUM DPTA**, para valoración de la hipófisis.

Silla turca de tamaño y configuración normal con hipófisis homogénea e intensa post contraste sin evidencia de lesiones intra, supra ni infraselares.
No hay signos de macro, micro adenomas ni aracnoidocele.
Cisterna supraselar, quiasmas ópticos normales. No hay lesiones compresivas.
Senos cavernosos libres y normales. Carótidas de flujo normal.
La masa encefálica es de intensidad normal. No hay signos de infartos, hemorragia, infección ni tumor.
Post contraste no hay signos de captación.
Núcleos de la base, mesencéfalo, hipotálamo y cerebelo normales.
Tallo cerebral normal.
Oídos y órbitas normales.
Senos paranasales normales.
El endocráneo es normal. No hay lesiones hipercaptantes del gadolinium inyectado ni lesiones híper intensas en T2 en el endocráneo.

CONCLUSION:
RESONANCIA MAGNETICA DE SILLA TURCA SIN Y CON CONTRASTE NORMAL.
ENDOCRANEO NORMAL.
Atentamente,

Dr. Mario Casado Casalta
C.I. V.
M.P.P.S. 2213 - M.S.A.S. 20600
Medico Radiólogo

Dictado electrónicamente por:
Dr. Mario Casado Casaltá
Medico Radiólogo

SERVICIOS DE DIAGNOSTICO HELITAC, S.A. RIF: J-30279734-9

Dirección Fiscal: Torre Loreto II - Local 16, Av. Las Américas, Puerto Ordaz - Estado Bolívar. Teléfono: (0286) 923.00.83

4 - ÁRBOL Y RÍO DE CRISTAL.

Soñé que estaba en la otra casa, que tiene un cerro, y vi un río con cascada de agua cristalina con grandes piedras, de lo alto caía el agua y en la parte baja se formaba otro río ancho y cristalino.

En la parte de arriba se bañaban alegres, mi mamá y mi sobrina, en la parte de abajo estaba mi hijo sentado en el río jugando con el agua, la levantaba con la mano derecha y la vaciaba en la mano izquierda, donde cada vez que caía el agua, se iba formando con las gotas un arbolito tipo bonsái, con muchas hojas de cristal, parecidas a gotas de diamantes, allí sentado seguía formándolo.

Ahora ¿Dónde estaba yo? Bueno estaba, tratando de subir el cerro para llegar donde estaba mi mamá y mi sobrina, subía arrodillada por un pedregal que tenía mucho limo y estaba mojado porque corría por allí el agua, resbala y seguía intentándolo, tenía las rodillas muy raspadas, con un poco de sangre y con limo verde, hasta que logré subir la montañita pero bien raspada y desperté. Este sueño verdaderamente marco mi vida, me llamaba mucho la atención el hecho de subir con las rodillas raspadas, y dije: ¡Dios Santo¡ ¿Qué me esperará?, sentía en mi corazón que lo que venía para mí, no iba a ser bueno.

Pasó el tiempo y tenía inquietud del sueño y preguntaba a Pastores para que me interpretaran el sueño, pero nadie me supo dar una respuesta, pasaron aproximadamente dos años y seguía con esa inquietud, quería saber que Dios me había mostrado con el río de Cristal y el árbol de hojas en forma de gotas de Cristal que se formaban en las manos de mi hijo.

Un tarde me senté a orar y a pedirle al Señor que me mostrara que él me quería decir con ese sueño, y a mi mente vino: "busca en la biblia donde aparezca la palabra árbol y río", abrí la biblia y busque en el índice, el primer versículo que encontré y lo leí en: **Apocalipsis 22:1 Después me mostró un río limpio de agua de vida, resplandeciente como cristal, que salía del trono de Dios y del cordero.** ¡Santo¡ Seguí leyendo los versículos: **22:2 En medio de la calle de la ciudad, y a uno y otro lado del río, estaba**

el árbol de la vida, que produce doce frutos, dando cada mes su fruto; y las hojas del árbol eran para la sanidad de naciones, seguí al versículo **22:3 Y no habrá más maldición; y el trono de Dios y del Cordero estará en ella, y sus siervos le servirán.**

¡Guaooo Padreee¡ es inexplicable la sensación que sentí a medida que iba leyendo cada palabra de esos versículos, era como una corriente fría que recorría lo más profundo de mi ser, hasta los huesos, sentí lo que dice este versículo: **Juan 7:38 El que cree en mí, como lo dice la escritura, de su interior correrán ríos de agua viva.**

Y dije: Gracias Padre por darme la respuesta, tenía que buscarla en ti, no en el humano. Ahora si estaba preparada para interpretar el sueño, entendí que iba a pasar por un proceso y en consecuencia fue así; pasé por un divorcio muy doloroso, algo por el cual no estaba preparada, ni llegue a pensar que podía suceder, también pasé por un robo, donde recibí un disparo con muchos balines en mi cuerpo, testimonio que cuento más adelante, sucedieron muchos momentos de angustias en mi vida, también interprete que Dios me entregó un hijo y una sobrina, Apóstoles de Dios. El Señor me lo confirmó cuando leí estas líneas del versículo: **"que produce doce frutos, dando cada mes su fruto; y las hojas del árbol eran para la sanidad de naciones",** los doce frutos, doce meses, doce Apóstoles y por el árbol de Cristal que se formó en las manos de mi hijo, ellos servirán a Dios en sanidad de naciones, porque estaban metidos en el río de Cristal, mientras leía esos versículos el espíritu de Dios estaba conmigo, era una sensación única.

Pasaron los años y la palabra de Dios se está cumpliendo, ahora tengo un hijo cristiano, servidor de Cristo, un futuro Profeta de Dios, un muchacho que camina de la mano del Señor y cuando me dice algo, obedezco porque sé que viene de parte del Señor.

Entendí que en el tiempo de Dios mi hijo y mi sobrina darán sus frutos y serán para sanidad de naciones, que estarán en escenarios, Internacionales llevando la palabra de Dios, él lo dijo, él lo hará.

5 - ESCUPIENDO BALINES

Sueño, que varios hombres encapuchados y armados se metieron en mi casa para robarnos, mi hijo en el sueño era un niño y los dos estábamos de noche fuera de la casa y corrimos aterrados un trecho largo delante de los delincuentes, en eso vimos una entrada por debajo de la cerca de los vecinos, allí nos metimos en ese pequeño hueco.

Los malandros siguieron corriendo sin vernos y se fueron, dije: "nos salvamos" y desperté con una fuerte palpitación. Sucedió que pasado aproximadamente dos meses después del sueño, eran las 8:00 PM, estábamos ya acostados, escucho los perros y una bulla en la casa de mi hermana que vive al lado, levanto a mi hijo y nos asomamos por la ventana y habían unos hombres armados, encapuchados dentro de su casa,

Mi hijo sin pensarlo abrió la puerta y salió hasta descalzo y sin camisa y yo desesperada salí detrás de él, entre de nuevo, luego abrí completamente la puerta con las luces de adentro encendidas y los delincuentes se dieron cuenta.

En ese instante veo un arma que brillaba en la oscuridad apuntando hacia mí, en eso halé la puerta para cerrarla y el delincuente disparó 2 veces, sucedió en cuestiones de segundos y no dio tiempo que la puerta se cerrara del todo, y los balines pasaron por las hendijas de la puerta, y caí al suelo bañada de sangre.

Sentí que era mi último día aquí en la tierra, los bandidos nunca vieron a mi hijo que estaba al frente de mí, delante de la puerta del lado de afuera y ningún balín lo tocó. **Salmo 91:4 Con sus plumas te cubrirá, y debajo de sus alas estarás seguro; Escudo y adarga es su verdad.** Él tuvo la protección divina que lo cubrió para que nada lo tocara y los balines pasaron por su lado.

Fueron 55 balines regados en todo mi cuerpo, en la cara fueron más de 25, y 5 exactamente en el borde del labio superior, traspasaron el labio y quedaron en la boca, los escupí creyendo que tenía los dientes desbaratados y eran los plomitos, cosa insólita, la cara me quedó irreconocible, muy hinchada, tenía muchos en los brazos, pecho, en el seno izquierdo, piernas, barriga y pies.

Salimos al hospital y me hicieron radiografías, fueron momentos de mucha angustia porque decían que debían operarme con urgencia, porque los balines estaban profundos y habían perforado órganos, fue horrible, entré en pánico, orando siempre a Dios que me sacara en victoria de esa situación. Dios escuchó mi oración **Salmo 91:15 Me invocará, y yo le responderé; Con él estaré yo en la angustia; Lo libraré y le glorificaré. 91:16 Lo saciaré de larga vida, y le mostraré mi salvación.**

Mi hijo desesperado conmigo sin saber qué hacer, fueron horas de angustias, hasta que revisaron de nuevo las placas y resultó que hubo una confusión y unieron dos placas digitalmente y por eso dio error, los balines que me cayeron en el cuerpo, todos fueron superficiales gracias a Dios.

Isaías 54:17 Ninguna arma forjada contra ti prosperará, y condenará toda lengua que se levante contra ti en juicio. Ésta es la herencia de los siervos de Jehová, y su salvación de mi vendrá, dijo Jehová. Pasó el segundo día con las heridas porque en el hospital no me realizaron curas, solo limpiaron con alcohol y no extrajeron los balines, fui a la Clínica donde tenía póliza por el MPPE y fue por la gracia de Dios que había un Cirujano Plástico esperándome para atenderme, era increíble, porque ya el Gobierno había eliminado las pólizas de los Docentes.

Dios metió su mano y el Cirujano me extrajo todos los plomitos de la cara, cuello y brazos, los que eran más notorios para que no quedara ninguna cicatriz en mi rostro, el resto de los plomitos fueron saliendo de mi cuerpo poco a poco al pasar el tiempo, algunos no sé si quedarían porque nunca más me hice placas. Así superamos ese mal momento que pasamos por querer ayudar a mi hermana que la estaban atracando.

En mi corazón sentí que tenía otra oportunidad de vida que Dios me estaba regalando, porque yo era cristiana evangélica y tenía casi un año que no asistía la Iglesia, desde ese momento, tirada en el suelo sin saber la gravedad de lo que estaba sucediendo, toda llena de sangre, le prometí a mi Padre volver a buscarlo y nunca más alejarme de él.

Informe Médico

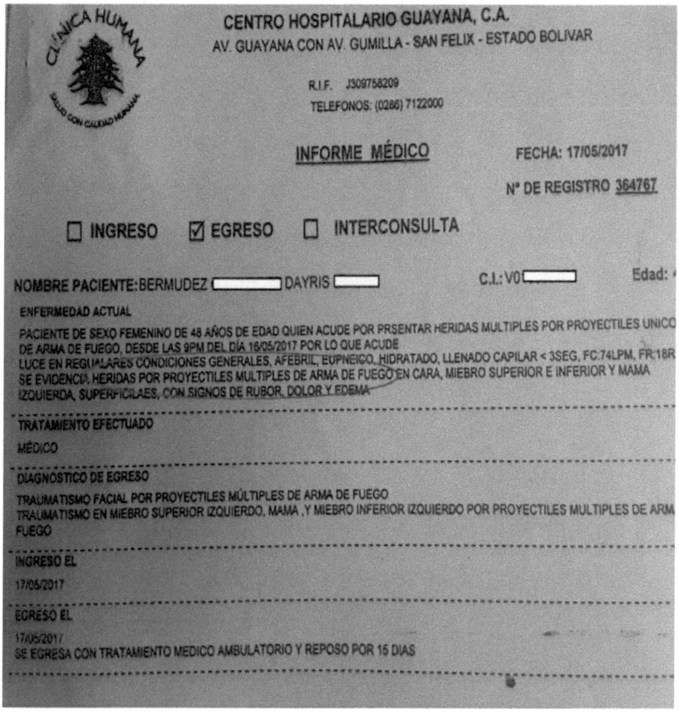

CLÍNICA HUMANA
SALUD CON CALIDAD HUMANA

CENTRO HOSPITALARIO GUAYANA, C.A.
AV. GUAYANA CON AV. GUMILLA - SAN FELIX - ESTADO BOLIVAR

R.I.F. J309758209
TELEFONOS: (0286) 7122000

INFORME MÉDICO — FECHA: 17/05/2017

Nº DE REGISTRO 364767

☐ INGRESO ☑ EGRESO ☐ INTERCONSULTA

NOMBRE PACIENTE: BERMUDEZ [ ] DAYRIS [ ] C.I.: V0[ ] Edad:

ENFERMEDAD ACTUAL

PACIENTE DE SEXO FEMENINO DE 48 AÑOS DE EDAD QUIEN ACUDE POR PRSENTAR HERIDAS MULTIPLES POR PROYECTILES UNICO DE ARMA DE FUEGO, DESDE LAS 9PM DEL DÍA 16/05/2017 POR LO QUE ACUDE
LUCE EN REGUALARES CONDICIONES GENERALES, AFEBRIL, EUPNEICO, HIDRATADO, LLENADO CAPILAR < 3SEG, FC:74LPM, FR:18R
SE EVIDENCIA HERIDAS POR PROYECTILES MULTIPLES DE ARMA DE FUEGO EN CARA, MIEBRO SUPERIOR E INFERIOR Y MAMA IZQUIERDA, SUPERFICILAES, CON SIGNOS DE RUBOR, DOLOR Y EDEMA

TRATAMIENTO EFECTUADO

MÉDICO

DIAGNOSTICO DE EGRESO

TRAUMATISMO FACIAL POR PROYECTILES MÚLTIPLES DE ARMA DE FUEGO
TRAUMATISMO EN MIEBRO SUPERIOR IZQUIERDO, MAMA ,Y MIEBRO INFERIOR IZQUIERDO POR PROYECTILES MULTIPLES DE ARM FUEGO

INGRESO EL

17/05/2017

EGRESO EL

17/05/2017
SE EGRESA CON TRATAMIENTO MEDICO AMBULATORIO Y REPOSO POR 15 DIAS

6 - *LECCION DE VIDA*

Una mañana, mi hijo y yo llevamos a mi mamá a realizarle unos estudios de Colonoscopia, estando en la Clínica mientras esperaba el turno del examen, pasaban a otros pacientes y salían de allí mareados, en silla de ruedas, ese ambiente para mí se fue poniéndose tenso y los nervios aumentaban. Mi mamá era la única señora mayor que pasaba los 75 años y pensaba que por su edad el examen podía afectarle, mientras esperaba, vi un Doctor que estaba solo en la Consulta General y como mi hijo tenía muchos días con un dedo hinchado muy rojo, hablamos con él para que lo revisara, él al verlo dijo:

_Hay que hacerle urgente una cirugía menor en el dedo

Comenzó a limpiarle, desde la puerta vi a mi hijo blanco, casi desmayado, cuando le estaban cortando para sacarle el pus. Los nervios se me alborotaron a millón, comencé a llamar a todos mis hermanos y hermanas para que vinieran a acompañar a mi mamá mientras yo estaba pendiente de mi hijo, nadie pudo ir a la Clínica, todos estaban muy ocupados, seguí sola caminando de un lado a otro, mientras caminaba sola por el pasillo, hablé en voz baja: "SEÑOR NO PUEDO CON TANTO", en ese instante sentí que me abrazan y me dicen:

_Ayúdame que me caigo,

En ese momento vino a mi mente: "PUEDES CON ESO Y MUCHO MÁS", era una amiga excompañera de trabajo que caía desmayada y yo era su único apoyo, la agarré como pude y la lleve a enfermería, era una baja de tensión.

Ahora para mi es jocoso recordar y contar ese testimonio, porque en ese momento dije: "SEÑOR NO PUEDO CON TANTO" y mi Padre Celestial me hizo ver que: "PODIA CON ESO Y MUCHO MÁS", así que agarra a tu amiga, ya no eran dos, eran tres que tenía que atender, era estar en tres sitios diferentes, pendiente a cada instante de cada uno de ellos, así pase toda la mañana hasta que llegó el esposo de la amiga y quedé con mi mamá y mi hijo.

Hermanos Dios nos llena de fortaleza y cuando terminan nuestras fuerzas es cuando comienza la fuerza de él. **ISAIAS 40:29 Él da fuerza al cansado y multiplica las fuerzas al que no tiene ningunas.** Dios es nuestra muralla y nuestro pronto auxilio, solo en él debemos fijar la mirada y saber que sin el Padre, el Hijo y el Espíritu Santo no somos nada.

7- ASECHANZAS DEL ENEMIGO

Mi único hijo estudiando una Carrera Universitaria, Ingeniería de Sistemas, un muchacho tranquilo de su casa, obediente, sin vicios, nunca amaneció fuera de la casa, un buen muchacho en todos los sentidos.

Pero eso molestaba a algunas personas, sucede que nos presentaron un señor y él llegaba de vez en cuando a la casa, un día me pregunto: ¿Cómo era posible que un muchacho de esa edad no saliera a la calle a divertirse? lo escuche y no me agrado pero no le preste atención, sentí las malas intenciones de esa persona.

Pasan dos meses, era un 31 de diciembre, aproximadamente las 09:00 AM de la mañana, mi hijo sale en el carro a cortarse el cabello y a comprar una correa que le hacía falta para el estreno de la noche. Pasaron las 12:00 M y yo tranquila, organizando todo para ir en la noche a la casa de mi mamá a recibir el Año Nuevo. Pasaron las 5:00 PM y comienzo a llamarlo y no contestaba, pasaron las 6:00 PM y la angustia comenzó a aflorar porque llamaba y no contestaba, eran las 9:00 PM, 10:00 PM, 11:00

PM, 12:00 PM, 1:00 AM y no aparecía, no había señal de él, ya para esa hora estaba desesperada, la angustia se apoderó de mí, él nunca había salido sin yo saber dónde estaba, pero confiaba en Dios que él lo protegería, toda la familia reunida en la casa de mi hermano, todos muy angustiados.

Recibí el año llorando de desesperación, nadie se vistió, nadie estreno ropas, la familia esperaba la peor noticia, pero no me decían nada, en ese momento de angustia, sin darme cuenta Profetice y después reflexionando lo entiendo, porque a una cuñada le dije: "Sé que después de esto, las bendiciones que vienen a nuestras vidas, son grandes".

Como a las 1.30 AM, vemos el carro que llega muy lento y con el vidrio de un lado roto y él se baja completamente ebrio, casi no podía caminar, yo sentí que volví a vivir. Lloré de alegría y le di las gracias a Dios, le pregunté:

_ ¿Qué te pasó porque nos hiciste esto?

Un tío también lo regaño, estaba bajo los efectos del alcohol y se molestó y le lanzó un golpe al tío, allí lo agarraron entre dos y lo pudieron someter, y lograron aplacarlo. Ahora la incógnita ¿Qué le había pasado?

La gran amistad, le molestaba mucho ver como el muchacho era bueno, de su casa y lo encontró por casualidad cuando él salió a cortarse el cabello y lo invitó a un sitio donde había rumba, solo ellos saben, ya estaba tomado, cuando le robaron el celular, peleó con unos delincuentes, le lanzaron una botella al vidrio del carro y lo partieron, lograron salir de ese sitio de puro milagro, Dios puso su divina protección en él, si no hubiera sido una tragedia.

Pasado los días, comencé a invitarlo a la Iglesia, él se molestaba y lo dejaba tranquilo pero cuando iba a la Iglesia los domingos lo visualizaba como servidor de Dios, veía a los jóvenes e imaginaba que era él. Un domingo unos meses después, vamos saliendo para la Iglesia y mi mamá le dijo:

_Vamos a la Iglesia,

Él le respondió:

_Espérenme.

Esas palabras me emocionaron, porque tenía tiempo invitándolo y no quería, mi mamá una sola vez le dijo y fue,

Le dije a mi mamá:

_Está sucio,

Ella me contestó:

_Cállate y déjalo tranquilo, que vaya como él quiera,

Estaba trabajando mecánica, y así mismo se montó con nosotras. Estando en la Iglesia se da cuenta de su apariencia, se sentó de último, tratando de esconderse para que no lo vieran y de allí el Espíritu Santo lo sacó al frente, bañado en llanto, lloraba como un niño, estaba contristado de corazón, e hizo la oración de salvación en público y aceptó a Jesucristo como su único y verdadero Salvador. **Romanos 10:10 Porque con el corazón se cree para justicia, pero con la boca se confiesa para salvación.** Comenzó una nueva vida en Cristo Jesús, ahora es un fiel servidor y creyente de la palabra, para la gloria de Dios y para mi felicidad. **2 Pedro 3:9 El Señor no retarda su promesa, según algunos la tienen por tardanza, sino que es paciente para con nosotros, no queriendo que ninguno perezca, sino que todos procedan al arrepentimiento.**

Dios mostrando sus maravillas, nunca pensé que la ropa que mi hijo no estrenó ese 31 de diciembre, unos meses después, sería el uniforme como Servidor de Cristo en la Iglesia. Bajo la angustia profetice, le dije a cuñada:

_Sé que después de esto, las bendiciones que nos vienen son grandes. Dios respaldo mis palabras cumpliendo sus promesas, no me dejó avergonzada.

8- AÑO DE VISIÓN PERFECTA 20-20

Comienza con un sueño donde Dios me dice que me regala un edificio de 10 pisos, en el sueño dije: "que voy hacer con tantos pisos", el Señor me mostró que ese edificio estaba en terrenos donde había un pacto entre vecinos unidos para robar a los demás habitantes de esa comunidad que no participaban en sus malas costumbres. Pero el Señor me dijo: "Allí nadie te tocará", en el sueño pensé ubicarme a vivir en el piso 6. Ya despierta, pude interpretar que eran los terrenos familiares en donde vivo porque pertenecían a 10 hermanos y 4 vendieron y 6 quedamos con las tierras, luego conversando con unos vecinos, comprobé lo del pacto entre vecinos, ellos impresionados, peguntaron: ¿Cómo sabíamos eso?

A los meses tengo otro sueño, soñé que estaba en mi Iglesia y en la pared del frente del púlpito, había de esquina a esquina, en el centro de la pared un papel bond blanco que decía: "TU ÉXITO VIENE EN CAMINO". Desperté, era domingo y mientras hacia el desayuno para ir a la Iglesia, escuche una predica en ENLACE titulada: "TU BENDICION VIENE EN CAMINO".

Desayunamos y nos fuimos a la Iglesia, ese día la predica del Pastor y Profeta fue: "TU VICTORIA VIENE EN CAMINO", en ese momento cuando estaban cantando las alabanzas, tenía las manos levantadas, sentí que me las agarraron y me las mantenían arriba batiéndolas fuertemente, no era yo, no entendía lo que pasaba, estaba asombrada, y a la vez emocionada, fue algo único y glorioso, por primera vez sentí de esa manera la presencia del Espíritu Santo, había recibido una gran bendición en mi vida.

Quiero expresarles, que no recibí una bendición ese día, recibí dos, la bendición del Espíritu Santo de manera extraordinaria y una bendición financiera, además cuando escuchaba alabanzas, mis brazos y manos realizaban movimientos sublimes que para mí eran desconocidos, luego investigando entendí que eran movimientos proféticos, al terminar el servicio, mi hijo y yo, nos fuimos a casa, iba llena de uno gozo inigualable que solo Jesús Cristo nos da.

Llegamos a la casa y me entero que pensaban invadir dos terrenos con casas que estábamos cuidándole a un vecino que estaba en Las Bahamas USA, le explico por whats app la situación, preocupada porque no quería que personas de mal proceder invadieran esas casas, en ese momento el vecino me dijo por audios: “vecina haga usted lo que quiera con esas tierras, yo nunca más voy para allá", impresionada, vienen a mi mente versículos, dichos por mi Pastor una hora antes. **ISAIAS 55:1 A todos los sedientos: venid a las aguas; y los que no tienen dinero, venid, comprad y comed. Venid, comprad sin dinero y sin precio, vino y leche. JOSUE 24:13 Y os di la tierra por la cual nada trabajasteis, y las ciudades que no edificasteis, en las cuales moráis; y de las viñas y olivares que no plantasteis, coméis**.

Estábamos hablando de 2 terrenos con sus casas, de aproximadamente más de 15 hectáreas, una piscina que agarra 15 mil litros de agua, de un hermoso y majestuoso río, y los terrenos ubicados a 200 metros de la Autopista Internacional Venezuela-Brasil ubicada en San Félix – Vía Upata.

Tiene varias matas frutales en producción como; cacao, coco, lechosa, piñas, mandarinas criollas, mandarinas dianas, naranjas, limones, guanábanas, aguacate, orégano, ciruelas, jobos y yuca. Lo maravilloso es que los terrenos pertenecían a mi papá, luego a mis hermanos y ellos los vendieron, el vecino los compró, los unió para luego ponerlos en nuestras manos, todo eso valorado en unos cuantos dólares. Dios cumpliendo sus promesas y los versículos recibidos en las predicas de mi pastor: **DEUTORONOMIO 8:9 Tierras en la cual no comerás el pan con escasez, ni te faltara nada en ella; tierra cuyas piedras son hierro, y de cuyos montes sacaras cobre. DEUTORONOMIO 26:9 Y nos trajo a este lugar, y nos dio ésta tierra, tierra que fluye leche y miel.**

Pasó un año, sabía que los terrenos eran míos por fe y de palabras, pero entré en dudas, llegué a pensar que estaba fantaseando, y callé, no seguí declarando la grandeza de mi Padre, aunque sabía que Dios actúa de manera sorprendente, igual callé, además, escuché rumores que decían que yo me estaba adueñando arbitrariamente de esas tierras.

Me llené de valor para llamar y explicarle la situación, él me dijo: "Yo le dije que esas tierras eran de ustedes, si algún día a ustedes les place invitarme, yo con gusto iría, porque amo la naturaleza y la hermosura de ese rio, pero para callarle la boca a los leones le voy a hacer un documento entregándoles para que no haya problemas, voy a hacerlo desde el año pasado, envíeme sus datos". Sucede que el 05 de enero 2021, estoy orando en la mañana con los ojos cerrados y vino a mí una visión: vi un brazo derecho con una manga blanca de delicada y resplandeciente tela, ancha en la muñeca y en la mano tenía una piedra preciosa de color rosado claro, que puso en mi mano, cuando apreté la piedra y cerré la mano, se borró la visión y abrí los ojos.

Ese mismo día, el vecino envió por correo electrónico el documento realizado por su Abogado, al rato lo tuve impreso en mis manos, y como cosas del Señor y para mi sorpresa, la fecha del documento es del domingo 02 de febrero 2020, el día que recibí el Espíritu Santo de la manera gloriosa en la Iglesia.

Y mismo día que el vecino me dijo que hiciera con las casas lo que me diera la gana, por el momento, la producción de frutas la hemos consumido y regalado a familiares y amistades. Nos toca esperar a ver el propósito de Dios con esas tierras, pienso que Dios dará lo necesario para sacarle provecho en producción o al servicio de la obra, por todo lo sucedido confió que es el inicio de grandes bendiciones en todos los aspectos de mi vida, que Señor nos tiene preparada. Hermanos bendiciones para todos, y a creer que para Dios no hay nada imposible, él siempre nos quiere bendecir pero muchas veces atrasamos las bendiciones con nuestra falta de fe.

Documento

CIUDADANO

JUEZ DEL MUNICIPIO CARONI, SEGUNDO CIRCUITO DE LA CIRCUNSCRIPCIÓN JUDICIAL DEL ESTADO (DISTRIBUIDOR)

SU DESPACHO

Yo, **VARGAS** [ ] **NOMAR** [ ], venezolano, mayor de edad, soltero, domiciliado en CIUDAD GUAYANA, Municipio Autónomo del Caroní del Estado Bolívar y titular de la cedula de identidad nro. V-[ ] ante usted y con el debido respeto acudo a exponer en sección pura y simple terrero agricola a los señores **CUPARE JOSE** [ ] y **DAYRIS** [ ] **BERMUDEZ** [ ], venezolanos, solteros, portadores de las cedulas de identidad Nro. [ ] y [ ] respectivamente, ubicado en Autopista Manuel Piar km 10, sector III palo grande, Parroquia Yocoima, via upata, municipio Caroní, San Félix, estado bolivar. El terreno cuenta con (treinta y dos) 32 hectáreas lote 1, con los linderos en el documento de catastro registro ARSK-[ ] del G1 al G6 colindando por el rio Yocoima, con una pequeña bienhechuria para criadero de animales y tanque para almacenamiento de 15.000 litros, con dos portones de seguridad y entrada por la principal autopista, adicional se ha construido una vivienda familiar de 40 m2 con dos habitaciones, baño y sala comedor. La propiedad cuenta con registro agricola BPN-[ ] registro agrario de bolivar. En este documento privado celebrado entre las partes a los (dos) 02 de febrero del (dos mil veinte) 2020 permite la sección del terreno para uso y explotación de las tierras y que a partir de la presente están facultados administrativamente y jurídicamente sobre la propiedad en conformidad con las leyes que regulan la materia.

VARGAS [ ] NOMAR [ ]
V- [ ]

CUPARE JOSE [ ]
V [ ]

DAYRIS [ ] BERMUDEZ [ ]
V [ ]

9- BRAZO CAIDO

Comienza con una foto publicada en el perfil de Face book, con los brazos levantados como señal de victoria, celebrando que tenía años organizando con mis compañeros de trabajo, una salida para un rio en los terrenos que eran de mis hermanos, pero siempre había obstáculos, hasta que se realizó el compartir y pudimos tomar fotos y disfrutar de un día diferente.

Al poco tiempo de publicar la foto me comenzó un fuerte dolor en el brazo izquierdo, me agarraba el hombro, cuello, cerebro, todo del mismo lado que produciéndome insoportables dolores. Un día vino a mi mente, elimina esa foto y no quise, la deje mucho tiempo en el perfil como foto icono.

Un día en un servicio de adoración estaba alabando con los brazos levantados aun con mucho dolor en el brazo izquierdo pero con esfuerzo los levantaba para adorar a nuestro Padre Celestial, me oraron y el dolor desapareció. **1 Timoteo 2:8 Quiero, pues, que los hombres oren en todo lugar, levantando manos santas, sin ira ni contienda. Éxodo 17:11 Y sucedía que cuando alzaba Moisés sus manos, Israel**

prevalecía; más cuando él bajaba sus manos prevalecía Amalec. Después de recibir esa sanidad, al poco tiempo comenzó de nuevo la molestia en el mismo brazo, el dolor era aún mayor, en la Iglesia me oraron y desapareció.

A los días me resbalé y caí con el peso de mi cuerpo en el brazo izquierdo y el dolor regresó, a los días me volví a resbalar y volví a caer encima del mismo brazo, luego de eso, el tormento de ese dolor fue insoportable, pasada una semana, de nuevo me resbalo y vuelvo a caer encima del mismo brazo, ya de noche no podía dormir, no podía ni levantarlo, ni despegar el brazo del cuerpo, ni aplicarme desodorante, ni depilarme las axilas.

Era tan fuerte el dolor que a duras penas con el dedo untaba un poco de desodorante, sentía ganas de gritar, de correr y solo lloraba clamando sanidad a mi Padre Eterno, tomaba tratamiento y me ayudaba un poco pero el dolor no desaparecía, pero siempre confiando en Dios, orando por mi sanidad y pidiéndole su intervención divina. Una noche dormida, soñé que desperté con los brazos levantados, así me vi y desperté, el sueño me alegró mucho, porque interprete que la sanidad del brazo iba a llegar pronto y que Dios me haría el milagro. Pasaba el tiempo y cada mañana cuando despertaba trataba de levantar el brazo confiando que el sueño que mostró el Señor se haría realidad, pero intentaba levantarlo y nada que podía, el dolor era grande, pasó un mes intentando sin resultados positivos y me olvide del sueño, aguantaba con desesperación el dolor.

Una mañana pasado dos meses de haber recibido el sueño, desperté en la cama con los brazos bien levantados por encima de cabeza, en ese momento reaccioné y me doy cuenta que tengo los brazos arriba y comencé a moverlos y a darle gracias a Dios porque cumplió su promesa, él me mostró en sueños que recibiría la sanidad y lo hizo. De nuevo otra palabra cumplida.

Números 23:19 Dios no es hombre para que mienta, ni hijo de hombre para que se arrepienta. Él dijo, ¿Y no hará? Habló ¿Y no lo ejecutará?

El enemigo quiso mantenerme con los brazos caídos para que no pudiera adorar a Dios con plenitud, porque sabe el poder y la unción que Dios nos entrega cuando levantamos los brazos para adorarle.

10 - PROTECCIÓN DIVINA.

Esa mañana amanecí intranquila, sin saber porque, después que mi hijo salió a trabajar para su terreno, oré y alabé a Dios toda la mañana. Cuando él llega al medio día, me asombré al ver su cara, estaba hinchada irreconocible de picadas de avispas porque él estaba limpiando su terreno con un amigo, y casi a las 12:00 M, lo picaron varias avispas, y en el trayecto de regreso, como aproximadamente en 10 minutos, aumentó la hinchazón.

Al verlo busque rápido un antialérgico y ungüento para las picadas, luego él comió y se acostó a descansar. Esa tarde estábamos descansando el almuerzo, él en su cuarto y yo en el mío, ese día amanecí orando y pidiéndole protección a Dios, escuche predicas y músicas cristianas toda la mañana, adore y alabe de todo corazón, fue hermoso ese momento sola con mi Padre, pero seguía sintiendo una gran inquietud, no entendía porque, era una rara sensación desde muy temprano, solo seguía orando. Sigo muy inquieta orando, era como las 3:00 PM, me levanto y lo despierto para ir a arreglar y limpiar un galpón, pero primero le digo:

_Vamos a orar un rato antes de salir a limpiar porque siento algo raro,

Él dijo:

_Ok comience Usted.

Oramos por 15 minutos y salimos, estando en el galpón que está al lado de la casa, le dije:

_Recoge esa leña y acomódala a un lado.

Él recoge dos bultos y cuando va por el tercero, lo levanta pero no se da cuenta que debajo había una serpiente que le tiró al pie, cuando vi eso, de mí boca solo salió la palabra ¡hayyyy¡ casi sin aliento. Fue una sensación de hasta aquí llegó, fue un instante aterrador porque él es alérgico hasta de picadas de hormigas y ya con la cara hinchada de picadas de avispas, era demasiado, me asusté tanto que a duras penas de mi boca salió ¡hayyy¡ pero muy muy bajito, casi sin aliento y él captó de inmediato y caminó rápido y volteó, en efecto estaba la culebra que le había tirado, la persiguió y mató.

Estando ya de noche en el cuarto y reflexionando lo ocurrido en el día, impresionada y todavía sin entender lo que vi, entonces, recordé ese momento, cuando vi la cabeza de la serpiente que le tiró al pie y chocó con algo, como una pared, esa imagen venia y venía a mi mente cuando vi que la serpiente le tiro a una distancia de aproximadamente 2 centímetros del pie, allí chocó como con una barrera de vidrio que le golpeó tan fuerte la cabeza y rebotó, el impulso la tiró hacia atrás, fue impresionante, increíble, algo sobrenatural, insólito, no podía creerlo.

Todavía la imagen daba muchas vueltas en mi cabeza y no entendía ¿Por qué? luego le explico bien a mi hijo lo que sucedió y lo que vi, él me explicó que esos reptiles tienen un organismo como un resorte que cuando lanzan el golpe es certero, nunca fallan y mucho menos se pueden parar o retroceder a 2 centímetros de su objetivo. Allí fue cuando entendí la protección Divina tan grande que Dios pone alrededor de los que le temen y viven bajo su abrigo, también concluí que Dios me estaba dando a entender que no debía preocuparme tanto por mi hijo porque él lo tenía bajo su protección.

Salmo 91:1 El que habita al abrigo del Altísimo Morará bajo la sombra del Omnipotente. 91:4 Con sus plumas te cubrirá y debajo de sus alas estarás seguro; Escudo y adarga es su verdad.

Después que pude ver la serpiente chocar como con esa barrera transparente a casi 2 centímetros de su piel, he estado más tranquila, porque vivía algunas veces con preocupación de que algo malo podía sucederle, pero el Señor mostró la protección divina que él nos da.

Todo sucedió el primer día que mi hijo tomó posesión del terreno y las casas que el Señor nos regaló, el poder de la oración hace milagros, fuimos atacados por el enemigo pero en Cristo Jesús somos más que vencedores, recibimos un milagro de preservación de la vida, el Señor derribó al gigante que se levantó para destruir los planes del Señor en nuestras vidas. Amados oremos con fe creyendo que Dios lo hará y que él derribará toda fortaleza del enemigo que no permite que veamos su gloria.

11 - ATAQUES NOCTURNOS

Fueron muchas noches de angustias, dolencias, malestares, palpitaciones fuertes, tensiones bajas, altas, temblores en mi cuerpo, entre otras cosas, pero notaba algo raro que todo sucedía de 11:00 PM a 1:00 AM. Una noche me desperté con esos fuertes malestares, nerviosa busque la biblia, la abrí, mi vista fue directa a estos versículos:

JOB 4:13 En imaginaciones de visiones nocturnas, cuando el sueño cae sobre los hombres. JOB 4:14 Me sobrevino un espanto y un temblor, que estremeció mis huesos. Razoné que era un espíritu malo atormentándome, leí los versículos, oré y el temblor desapareció, pero por esa noche. Otra noche me despierta el mismo temblor y despertaba a mi hijo que es cristiano para que orara por mí, así pasaron muchas noches, comenzaba la tembladera de la madrugada, y rápido despertaba a mi hijo vamos a orar y al terminar la oración, desaparecía toda molestia y me quedaba tranquila, asi pasaron algo más de 2 años.

Una noche vuelvo a despertar con ese malestar y cuando iba a llamar a mi hijo para orar, escuche una voz que me dijo: "hay sí, llama a tu hijo, Leandro ven a orarme", era como alguien burlándose de mí.

Entendí que eso no venía de Dios, me armé de valor y dije: "demonio inmundo, no estoy sola, me acompaña el Dios Padre, Dios Hijo y Dios Espíritu Santo y en el nombre de Jesucristo, espíritu malo me dejas en paz", el miedo, los temblores y palpitaciones se fueron y dormí tranquila. Al poco tiempo noté que los ataque nocturnos habían desaparecido, ahora cuando despierto de madrugadas es para orar.

12- ORACIONES DE MADRUGADA

Una noche pasadas las 10:00 PM., no podía dormir, transcurrían las horas despierta, entonces vino a mi mente: no puedo dormir voy a orar, no entendía qué quería el Señor decirme, porque no soy de tener insomnios. Comencé a orar y oré por toda mi familia, pasaban las horas y nada de sueño, 11:00 PM, 12:00 AM, 1:00 AM, 2:00 AM, 3:30 AM y seguí orando hasta a las 4:00 AM, dormí desde las 5:30 AM., hasta las 7:00 AM.

Efesios 6:11 Vestíos de toda la armadura de Dios, para que podáis estar firmes contra las asechanzas del diablo. Ese día salimos bien temprano al mercado y pasé por el frente de la casa de un hermano biológico, veo que allí estaban otros hermanos, pensé: “aquí pasa algo” y me paré.

Cuando llegué mi hermano me cuenta que mi sobrino salió al patio a las 10:00 PM a buscar unas hojas de una planta para hacer un té y lo sorprendieron varios hombres encapuchados y armados, los golpearon, los sometieron, los amarraron, y los encerraron en un cuarto y comenzaron a cargar todo, aire acondicionados, lavadora, bombonas de gas, cocina, cauchos nuevos, dólares, gasolina, entre otras cosas, toda la noche cargando hasta las 3:30 AM que decidieron irse, cuando ya no podían cargar más nada, le dejaron la casa casi vacía.

Cuando él me estaba contando, mentalmente dije: "Gracias Padre por utilizarme para orar cuando ellos más lo necesitaban y gracias porque no les hicieron ningún daño", pudo haber sucedido una desgracia porque esos malandros estaban dispuestos a todo.

Desde allí, comencé a orar con más frecuencia de madrugada por protección y salud de mi familia. Dios es bueno. **HECHOS 16:31 Ellos dijeron: Cree en el Señor Jesucristo, y se serás salvo, tú y tu familia.**

¿Por qué debemos orar de madrugada?

- ✓ Debemos orar de madrugadas porque hay un género que solo sale en el nombre de Jesucristo, con oración y ayuno. **Mateo 17:21 Pero este género no sale sino con oración y ayuno.**

- ✓ Las oraciones de madrugadas destraban, sacuden, descubren, imparten y ponen a nuestra disposición un fuerte nivel de autoridad.
- ✓ Las oraciones de madrugadas son la clave para aturdir esos espíritus que operan cuando estamos durmiendo y si se ora de madrugada hay un choque porque la oración no los deja operar, ya que nos da poder y autoridad en el mundo espiritual para vencerlos.

Salmos 5:3 Oh Jehová, de mañana oirás mi voz; De mañana me presentaré delante de ti, y esperaré.

Salmos 63:1 Dios, Dios mío eres tú; De madrugada te buscaré; Mi alma tiene sed de ti, mi carne te anhela, En tierra seca y árida donde no hay aguas.

13 - VISIONES DE MADRUGADA

Sentí la necesidad de realizar 40 días de vigilias de madrugada para orar principalmente por sanidad porque sequian algunos malestares por la secuela del Covid 19. En los días de oración, eran las 2:30 AM, estaba orando por la salud de mi mamá, de mi Pastora y la mía, ya que tenía un fuerte dolor de pecho por más de dos meses.

Estaba despierta orando con los ojos cerrados vino a mí una visión: vi una enorme mano humana como de aproximadamente 2 metros de altura, era esquelética y tenía uñas como garras de tigre, vi cuando soltó algo que tenía agarrado, no pude ver qué cosa o a quien soltó, cerca en el suelo, había un hueco grande redondo y negro que daba vueltas como remolino y aspiró la gran mano, entonces la visión se terminó.

Abrí los ojos y seguí orando con los ojos cerrados, de la impresión, el sueño se desapareció, seguí orando, entonces el Señor me mostró otra visión, me vi en un valle de huesos humanos y recordé haberlo leído en la biblia, y busqué por internet donde habla de los huesos secos. **EZEQUIEL 37:1 La mano de Jehová vino sobre mí, y me llevó en el Espíritu de Jehová, y me puso en un valle que estaba lleno de huesos.**

37:2 Y me hizo pasar cerca de ellos por todo en derredor; y he aquí que eran muchísimos sobre la faz del campo, y por cierto secos en gran manera.

37:3 Y me dijo: hijo de hombre, ¿vivirán estos huesos? y dije: señor Jehová, tú lo sabes.

37:4 Me dijo entonces: profetiza sobre estos huesos, y diles: huesos secos, oíd palabra de jehová.

37:5 Así ha dicho Jehová el Señor a estos huesos: he aquí, yo hago entrar espíritu en vosotros y viviréis.

Luego me dormí y soñé que una amiga me buscó para que orara por sanidad para un familiar de ella, cuando llegamos al sitio, hicimos una rueda agarrados de la mano, oraba pidiendo sanidad para la muchacha y desperté con una fuerte palpitación, ya eran las 4:00 AM, respiré profundo para no asustarme y desesperarme.

Recordé la visión de los huesos secos que había tenido, horas antes y comencé a orar y profetizar como dice en: Ezequiel 37:4, **le dije a mis huesos: huesos secos, oíd palabra de jehová.**

Asi fui hablándole y ordenándole a mi corazón y a cada órgano de mi cuerpo que se estabilizara, le ordené a mi corazón que escuchara la palabra de Jehová que le ordenaba y en el nombre de su hijo amado, le pedía al Espíritu Santo que su presencia no me abandonara, luego las palpitaciones se estabilizaron inmediatamente, mi Padre celestial hizo que pusiera en práctica la enseñanza que había tenido esa noche y profeticé.

Cumpliendo aproximadamente los 33 días de oración de madrugada, cae mi hijo con fiebre, malestar general y gripe, a los tres días caigo por segunda vez, con los mismos malestares, era virus COVID 19, ¡Santo¡ fueron días muy fuertes, días de angustias, tormentos, casi no dormía, habían noches que amanecía despierta.

Pero continúe con mis oraciones, mi Padre Celestial puso en mi corazón realizar esos 40 días de vigilia por sanidad, porque él sabía por lo que íbamos a pasar y nos llenó de fortaleza para superar esa tempestad, al cumplir con los 40 días de oración, ya estábamos sanos del virus, terminé las vigilias victoriosa en Cristo Jesús.

14 - EL SEÑOR ENTREGANDO DONES

- Sueño que me entregaron unas llaves de una casa que tenía que cuidar, allí había una silla de metal de aproximadamente 4 metros de altura, como un trono, donde se iba a sentar un hombre, era alguien importante, pero no sabía quién era, y me correspondía la limpieza y resguardo de ese sitio, limpié con mucho esmero la silla, arregle todo, cerré y me fui, nunca vi al hombre que iba a sentarse allí, pero sabía que era alguien con poder, como un Rey y desperté.

Mateo 16:19 Y a ti te daré las llaves del reino de los cielos; y todo lo que atares en la tierra será atado en los cielos, y

todo lo que desatares en la tierra será desatado en los cielos.

- Después tuve otro sueño, donde me regalaban varios litros de aceite comestible, solo recuerdo verlo en mis manos. **ÉXODO 29:7 Luego tomarás el aceite de la unción, y lo derramarás sobre su cabeza y le ungirás.**
- Con años en el cristianismo, recibo otro sueño: iba subiendo una montaña muy alta, era una calle de asfalto, iba adelante cantando y alabando a Dios, detrás de mí caminaban muchas personas, también cantando y alabando, en eso calló una fuerte lluvia e igual seguimos subiendo con mucho gozo, el agua que caía en mi cabeza, me llegaba a los labios y la probé, era agua salada, seguimos subiendo y gritaba de alegría "GRACIASSS PADREEE".

El grito del sueño me despertó, porque también grite dormida, el grito fue real, desperté y oré un buen rato porque entendí que mi amado Padre estaba derramando más unción sobre mi cabeza. **EZEQUIEL**

34:26 Y daré bendición a ellas y a los alrededores de mi collado, y haré descender la lluvia en su tiempo; lluvias de bendición serán.

Pensé: "Gracias Padre, no sé cuál será la bendición que me entregaste, pero segura estoy, que es buena, agradable y perfecta", después de ese sueño las visiones eran más frecuentes al orar, más sueños cumplidos, como lo dice en:

Hechos 2:17 Y en los postreros días, dice Dios, derramaré de mi Espíritu sobre toda carne, y vuestros hijos y vuestras hijas profetizarán; vuestros jóvenes verán visiones, y vuestros ancianos soñarán sueños. Dios demostrando su infinito amor, su gran poder y sus maravillas. Él cumpliendo su palabra.

- Al tiempo tengo otro sueño que iba caminando por una calle de tierra y vi una piedra cuadrada aplastada transparente como cristal de un tamaño aproximadamente 25 centímetros alto y 20 centímetros ancho, la levanté y por un lado estaba tallada en relieve. En el centro de la parte superior había una pequeña corona amarilla con algo de rojo, el color era muy claro, debajo había la forma de un escudo, de ambos lados visualicé una figura de león parado como agarrando el escudo, habían otras figuras talladas en relieve que al despertar no las recordé.

Efesios 6:16 Sobre todo tomad el escudo de la fe, con que podáis apagar todos los dardos de fuego del enemigo.

El siguiente día empiezo a investigar en la biblia y por internet a ver si conseguía respuesta al sueño y encontré una imagen parecida, era un Escudo de la Realeza, allí entendí lo que el Señor de Señores había puesto en mis manos y le di gracias, mi alma se llenó de gozo al discernir la grandeza de nuestro Padre y que somos linaje escogido de él.

1 Pedro 2:9 Más vosotros sois linaje escogido, real sacerdocio, nación santa, pueblo adquirido por Dios, para que anunciéis las virtudes de aquel que os llamó de las tinieblas a su luz admirable.

15 - SANIDAD Y PROVISIÓN

Sucedió después que recibí el milagro de sanidad del brazo izquierdo, que escribí en páginas anteriores, a los días comenzó un fuerte dolor en pecho y espalda, acompañado de palpitaciones, tensiones bajas y altas, temblores en todo el cuerpo, sudoraciones, y dificulta para respirar, y otros síntomas, pasaron más de 7 meses e iban aumentando, estaba cerrada a ir al Médico.

Un día bajo el fuerte dolor de pecho decidí ir al Ipasme, centro donde atienden a los Docentes del Ministerio del Poder Popular para la Educación en Venezuela, allí pase semanas saliendo a las 5:00 AM para tratar de conseguir una cita con un Internista, al fin logré obtener la consulta, pero la Internista, no acudió a la consulta.

Estando en la tercera semana de espera, a las 10:00 AM, me comienza todos esos malestares mencionados, y mis nervios aumentaban, entré en angustia, pero Dios en su gran misericordia, puso una persona a mi lado, una mujer cristiana y la escuche hablar, dijo que en su Iglesia los Pastores y Diáconos, estaban todos enfermos, que había un espíritu de enfermedad enviado a las Iglesias, dijo que su Pastor había hecho una Renovación de Pacto, para liberación y sanidad. Recordé la predica del Pastor el domingo, un día anterior, en ese momento cerré mis ojos y allí comencé a orar bajito con mi tapa boca, realice la oración de lo más profundo de mi ser y mi corazón.

Había mucha gente y sentía que mis fuerzas iban disminuyendo, sentí la necesidad de renovar pacto con Jehová, sentí que ese domingo en la Iglesia mi oración no fue genuina, me sentía sin animo, tuve la necesidad de rendirme a los pies de Cristo, pero vi alrededor y dije en mi mente: "no voy a ser la única", por lo tanto, no me arrodillé y perdí mi bendición, contriste al Espíritu Santo.

Total la renovación de pacto que hice ese domingo no fue buena, sentí que solo repetí lo dicho por el Pastor. En ese momento en el Ipasme la hice de nuevo, pero esta vez oré, recordando las palabras del Pastor. Terminé de orar y renovar pacto, pidiéndole a Dios que donde llegara abriera puertas, con médico, tratamiento y provisión financiera, porque no cargaba dinero, ya era mucho con andar en carro, y tener gasolina, en Venezuela para ese momento era de súper gran bendición para poder movilizarnos, salimos de allí sin saber a dónde ir.

Efesio 6:18 Orando en todo tiempo con toda oración y súplica en el Espíritu, y velando en ello con toda perseverancia y súplica por todos los santos.

En ese instante al terminar la oración, repica mi celular, era un familiar y le cuento como me sentía y me dice: "pide prestado que yo pago", conseguí de inmediato y llegamos a una clínica, el Médico reviso rápido mis signos vitales, porque los síntomas eran parecidos a un infarto, gracias a Dios era Neuritis Intercostal se refiere a la inflamación de los nervios producto de la compresión de uno o más nervios situados en el borde inferior de las costillas.

Había que desinflamarse con tratamiento, pude pagar la consulta, comprar el tratamiento completo y conseguir los 6 medicamentos en una sola farmacia, a un precio bajo, 15 dólares, insólito solo Dios hizo cosa difícil.

Porque para comprar un tratamiento, consigues uno en cada farmacia y tienes que recorrer la ciudad completa y con poca gasolina se hace dificultoso, solo se gastaron 40 dólares, era increíble, aquí mínimo, tienes que tener 400 dólares para que te atiendan y le coloquen un simple tratamiento en una clínica, gracias a Dios mejoré con las primeras inyecciones.

REFLEXIÓN: Dios es bueno, me recordó la Renovación de Pacto, con la señora que conversaba a mi lado, ese día recibí esta palabra:

Lucas: 18:27 Él les dijo: Lo que es imposible para los hombres, es posible para Dios.

¡Guaooo¡ mejor palabra imposible, tuve tiempo negándome a buscar médicos por la situación país, pero Dios me dio una enseñanza, estaba cerrada por los altos costos en Venezuela, veía imposible pagar una consulta en Clínicas.

Y más difícil comprar todos el medicamento, y mucho menos hacerme los exámenes, además el Doctor que me atendió, anotó en el récipe, su número para cualquier emergencia y dijo que regresara después de terminar el tratamiento, fui la siguiente semana y mandó otro tratamiento para complementar el anterior y dijo que lo mantuviera informado cualquier evento, compré el nuevo tratamiento, lo tomé, gracias a Dios mejoré rápido.

16 - EL SEÑOR GLORIFICANDOSE CADA VEZ MÁS

A raíz de haber superado el COVID 19, seguían algunos malestares mencionados en los capítulos anteriores, quedé débil y me daban vértigos y mareos que en ocasiones perdía el control del cuerpo, me desvanecía y caiga, todo me daba vueltas y no podía levantarme de la cama ni para ir al baño, era un mareo constante que no me permitía caminar, algunos valores los tenia descontrolados.

Pasaron casi tres meses, seguían las fuertes palpitaciones nocturnas, fueron momentos muy malos que desesperaban, caminaba agarrada por miedo a caer, pero nunca perdí la fe, cada día me aferraba más a Dios, en esos meses pude leer por primera vez la biblia completa.

Seguía orando y vigilando sola desde las 3:00 AM a hasta las 5:00 AM, a veces continuaba sin sueño hasta amanecer. Para esos días, muchas Iglesias hablaban de un ataque demoniaco que perturban a miembros de las Congregaciones, ya estaba cansada de ir a médicos, a las consultas, a los medicamentos y exámenes, todos muy caro, sin ninguna mejoría, ya no tenía dólares para continuar pagando y un día cansada, sin esperanza, me pregunté: ¿A dónde iré? De inmediato vino este versículo a mi mente:

Juan 6:68 Le respondió Simón Pedro: Señor, ¿A quién iremos? Tú tienes palabras de vida eterna.

Este versículo me fortaleció para seguir avanzando, el Señor fue dando instrucciones que seguí para mi mejoría, en una oportunidad le mostró en sueño a mi hijo, era un tratamiento bien específico, él me dijo:

_Mamá le voy a contar un sueño por no dejar porque para mí no tiene ningún significado,

Me lo contó y era un tratamiento como me lo mandaban los internistas en años pasados, le dije:

_No tienes ni idea de la importancia que tiene tu sueño para mí.

Compré el tratamiento, me lo coloque y para esos días fue de mucha ayuda. También en sueños el Señor me mostró que en 150 días iba a estar sana, esperaba con ansias que se cumplieran esos días para ver mi completa sanidad y nada.

Faltando 5 días para cumplirse los 5 meses los mareos fueron disminuyendo y pude pararme de la cama, mis fuerzas aumentaron, iba mejorando pero poco a poco, en el transcurso de esos meses, una madrugada bajo los malestares, oraba y clamaba a Jehová, entonces escuche una voz al oído derecho que me dijo: "Salmo 33, ayuno, ayuno, ayuno", de inmediato lo busque en la biblia.

Salmo 33

1 Alegraos, oh justos, en Jehová; en los íntegros es hermosa la alabanza.

2 Aclamad a Jehová con arpa; cantadle con salterio y decacordio.

3 Cantadle cántico nuevo; hacedlo bien, tañendo con júbilo.

4 Porque recta es la palabra de Jehová, y toda
su obra es hecha con fidelidad.
5 Él ama la justicia y juicio; de la misericordia
de Jehová está llena la tierra.
6 Por la palabra de Jehová fueron hechos los
cielos; y todo el ejército de ellos por el aliento
de su boca.
7 Él junta como montón las aguas del mar; él
pone en depósitos los abismos.
8 Tema a Jehová toda la tierra; teman delante
de él todos los habitantes del mundo,
9 Porque él dijo, y fue hecho; él mandó, y
existió.
10 Jehová hace nulo el consejo de las
naciones, y frustra las maquinaciones de los
pueblos.
11 El consejo de Jehová permanecerá para
siempre; los pensamientos de su corazón, por
todas las generaciones.
12 Bienaventurada la nación cuyo Dios es
Jehová, el pueblo que él escogió como
heredad para sí.
13 Desde los cielos miró Jehová; vio a todos
los hijos de los hombres.

14 Desde el lugar de su morada miró sobre todos los moradores de la tierra.

15 Él formó el corazón de todos ellos; atento está a todas sus obras.

16 El rey no se salva por la multitud del ejército, ni escapa el valiente por la mucha fuerza.

17 Vano para salvarse es el caballo; la grandeza de su fuerza a nadie podrá librar.

18 He aquí, el ojo de Jehová sobre los que le temen, sobre los que esperan en su misericordia,

19 Para librar sus almas de la muerte y para darles vida en tiempos de hambre.

20 Nuestra alma espera a Jehová; nuestra ayuda y nuestro escudo es él.

21 Por tanto, en él se alegrará nuestro corazón, porque en su santo nombre hemos confiado.

22 Sea tu misericordia, oh Jehová, sobre nosotros, según esperamos en ti. Al comenzar a leerlo, lloré sin poder contenerme y le decía a Dios: “Señor no puedo cantar, no puedo alabar, no tengo fuerzas, estoy sin ánimos, no puedo”, al

terminar de leer el versículo, vino a mi mente una canción: Clamando estoy a ti Señor.

Clamando estoy a ti Señor,
Clamando estoy como el pueblo de Israel
Que tu poder descienda sobre mí
Y que me cubras con la nube de tu amor.
//Que tu presencia nunca me falte
Y que tu gozo sea mi fortaleza
Clamando estoy confiando en tus promesas
Clama a mi yo te responderé//.

Canté, clamé y adoré por más de una hora, la repetía y repetía, luego sentí un gozo inexplicable, con la lectura del salmo 33 entendí, que Jehová nos ve como justos e íntegros y nuestra alabanza es hermosa para él, mi fe había aumentado para seguir confiando, mi alma se llenó de una paz indescriptible y dormí plácidamente, el siguiente día estaba más fuerte física, espiritual y mental, entendí que el Señor había obrado en mí y me había fortalecido para seguir peleando la buena batalla.

Efesios 6:12 Porque no tenemos lucha contra sangre y carne, sino contra principados, contra gobernadores de las tinieblas de este siglo, contra huestes espirituales de maldad en las regiones celestiales. En estos meses de procesos el Señor hizo milagros de sanidad en mí y en mi mamá, también recibí un milagro financiero de un terreno que lo cuento más adelante.

Pasaron meses y sigue mi salud mejorando pero lento, porque cuando sanaba, volvía de nuevo a recaer con Covid 19 y sus secuelas, ya los mareos por la columna cervical eran esporádicos y andaba en mis actividades cotidianas aunque con dificultad.

Una tarde sola en la casa, eran las 5:30 PM, de repente comencé a sentirme mal, mi corazón comenzó a palpitar muy rápido, sentía que mi respiración iba disminuyéndose, pensé que iba a morir, entré en pánico y comencé a orar en voz fuerte y vino a mi mente, el versículo de los huesos secos que el Señor me había mostrado en visión, se encuentra en:

Ezequiel 37:3 Y me dijo: Hijo de hombre, ¿vivirán estos huesos? Y dije: Señor Jehová, tú lo sabes. 37:4 Me dijo entonces: Profetiza sobre estos huesos, y diles: Huesos secos, oíd palabra de Jehová.

Aunque sentía que me iba debilitando, oré fervientemente con mucha fortaleza, reprendí espíritu de enfermedad, le dije: "es Jehová que te habla y te ordena espíritu de enfermedad que salgas fuera de mi cuerpo ahora, en el nombre de Jesucristo su hijo amado, sal fueraaa".

Al terminar de decir la última palabra, me vino un vomito de pura agua, vi el piso y cayó algo, seguí reprendiendo el espíritu de enfermedad enviado a través de comida o brujería, ya había tenido sueños referentes a eso, por segunda vez le dije: "espíritu de enfermedad en nombre de Jesucristo te ordeno que salgas fuera, ahora", y vomité de nuevo pura agua.

Profeticé como lo dice el versículos, le hablé a mi corazón, le dije: "corazón es Jehová que te habla, escucha su voz, Jehová te ordena que te normalices ahora" y el corazón comenzó su ritmo normal, así fui hablándole a varios órganos de mi cuerpo, como lo había hecho en el capítulo anterior pero esta vez con mucha autoridad y todo el malestar se fue aplacando, pude respirar mejor y sentirme bien. Ya tranquila cerré y sellé la oración por el poder de la sangre de Cristo Jesús y vi para el piso donde cayó el vómito y allí había algo que me llamó la atención, busque una servilleta y lo recogí para verlo mejor.

Era una cosa de aproximadamente 2 centímetros de largo, parecía un pez, a la vez un escorpión con cola de sirena, le tomé unas fotos, quedé impresionada y llamé a mi hijo y le conté, y al ver quedó asombrado, sin palabras, él llegó pasada dos horas y eso ya se había secado, encogido y casi desaparecido, quedó como un hilo negro, él pudo verlo mejor en la foto que le tomé al momento.

¡Guaooo! no entendía nada de lo sucedido, estaba sobresaltada, nunca había visto algo semejante. Transcurrió una semana, mi mente daba vueltas y vueltas lo sucedido, en esos días sueño que una mujer me dijo: "no tienes ni idea de lo que te hicieron" y le respondí: "pero mi Padre Celestial, si y él me defendió", allí desperté, siguen las manifestaciones celestiales en mi vida. El Señor me mostró en sueños una gran cocina que estaba al aire libre, como de campo, donde estaba una mujer preparándome una comida, en el mismo sueño vino a mi mente, la casa de una vecina que preparaba comida para la venta, en una cocina al aire libre, sin techo, en ese tiempo me mandaron comida en varias oportunidades.

Luego me entero que ella practicaba la brujería y había tenido unas fuertes palabras con mi esposo por un transformador, comprendí que el señor me estaba mostrando por donde vino el espíritu de enfermedad que habían enviado.

Continuaba la inquietud por lo sucedió, empecé a contar mi testimonio a familiares y amistades, y les enviaba la horrible foto que se me borró del celular, todavía pensaba y pensaba en lo que me había pasado y le cuento el testimonio a una amistad que no es creyente y me dijo:

_Ha, si, a mí me paso igual, una vez me hicieron brujería, fui a una mujer y ella fumó unos tabacos, me dio unos baños, vomité un mazo de cabellos y quedé libre,

Le dije:

_Lo que me pasó viene de parte de Dios, no viene de hechiceros.

Entendí que; el enemigo pretendía confundirme, pero en ese instante vino a mi mente el versículo de la biblia donde: los brujos hicieron maravillas igual que los profetas de Dios pero el poder infinito de Dios es aún mayor.

Éxodo 7:8 Habló Jehová a Moisés y a Aarón, Diciendo:

9 Si Faraón os respondiere diciendo: Mostrad milagros; dirás a Aarón: Toma tu vara, y échala delante de Faraón, para que se haga culebra.

10 Vinieron, pues, Moisés y Aarón, e hicieron como Jehová lo había mandado. Y echó Aarón su vara delante de Faraón y de sus siervos, y se hizo culebra.

11 Entonces llamo también Faraón sabios y hechiceros, e hicieron también lo mismo los hechiceros de Egipto con sus encantamientos;

12 Pues echó cada uno su vara, las cuales se volvieron culebras; más la vara de Aarón devoró las varas de ellos. Aarón convirtió la vara en serpiente y los brujos también demostraron sus encantamientos, pero la serpiente de Aarón devoró las serpientes de ellos.

Al final los hechiceros reconocieron y dijeron: Dedo de Dios es éste. **Éxodo 8:19 Entonces los hechiceros dijeron a Faraón: Dedo de Dios es éste. Más el corazón de Faraón se endureció, y no los escuchó, como Jehová lo había Dicho.** Nuevamente fui testigo del poder maravilloso de Dios, y sentía que venían a mi vida maravillas aún mayores, el Señor cumplió cuando recibí esta palabra: **"Y sabrán que hay Dios en tu casa**", y varias veces me pregunté: ¿Cómo iban a saber, que hay Dios en mi casa?

Luego mi recuperación que era muy lenta comenzó a avanzar más rápido, los ataques nocturnos que eran cada dos días por varios años, habían desaparecido por completo, ahora si nunca más volvieron esos ataques nocturnos, luego de eso pude dormir todas las noches tranquila sin ninguna perturbación, porque tenía muchos meses tomando hasta 10 pastillas diarias para los diferentes malestares, la mejoría fue absolutamente notoria para todos mis familiares y amistades. Las manifestaciones de Jehová en mi vida fueron extraordinarias, en ese proceso de enfermedad, fueron más de dos años y medio de malestares, años de angustias, mejoraba y volvía a recaer, pero el Señor me fue mostrando unas series de instrucciones para poder alcanzar la sanidad:

- Me enseñó a orar, vigilar y ayunar.
- El Señor limpió mi alma y espíritu de resentimientos escondidos.
- Perdonar y pedir perdón hasta por lo que no hice.
- El Señor me mostró que tenía que reír siempre, y comencé a ver chistes por internet y recuperé la sonrisa que había perdido.
- Me mostró que debía cumplir estrictamente el tratamiento.
- Me mostró en sueños que tenía que ejercitar y cuidar mi cuerpo.

- Orar con autoridad y decretar sanidad en mi vida.
- Y a pactar con una ofenda monetaria para sellar mi sanidad.

El señor me libró de ataques de pánico, de resentimientos escondidos hacia mi mamá, un día estando en la casa de ella, sentada a su lado, ella también estaba pasando un proceso de enfermedad, y cuando le iba a tocar el cabello, me grito fuerte:

_No me toques, estoy muy mal para que me pongas peor.

Mi hijo estaba cerca y quedamos con los ojos grandes, sorprendidos, no dijimos nada y nos despedimos y salimos de allí. Cuando íbamos de regreso a casa iba llorando, ese desprecio me llegó al alma, me invadió una tristeza y al llegar a la casa, mi esposo dijo algo que no me agradó y exploté, le dije:

_Las únicas dos personas que tengo y ve como me tratan, termino de aguantar un maltrato de mi mamá y ahora tú.

Comencé a llorar desconsoladamente y le dije a mi hijo:

_Me gustaría que mi mamá alguna vez en su vida me dijera, hija: “todo va a estar bien”, para mi serian como palabras mágicas que alimentarían mi ser.

Mi hijo sorprendido me preguntó:

¿Mamá a su edad a usted le puede afectar eso, que mi abuela le hizo?

Le dije:

_La edad que tengamos no importa, somos mamá e hija.

Luego me quedé dormida porque eran las 10:00 PM de la noche.

Al siguiente día, me llaman a las 6:00 AM, era mi mamá, yo impresionada porque nunca me llamaba, contesté y me dijo textualmente:

_“Hija todo va a estar bien”.

Al escucharla sentí que algo feo salió de mi cuerpo, de inmediato tuve otra sensación pero hermosa e inexplicable, que comenzó desde la cabeza hasta los pies, era como una llenura de espíritu, entendí que Dios había sanado mi alma porque mi corazón se llenó de gozo, un regocijo que se reflejó de inmediato en mi rostro, la tristeza me había abandonado y entró alegría, la sonrisa regresó.

El Señor sacó ese resentimiento escondido que impedía mi sanidad física y espiritual. El Señor cumple hasta los deseos pequeños que muchas veces pensamos que son insignificantes pero son los que tienen más valor en nuestras vidas.

17 - JEHOVÁ ENTREGA BENDICIÓN

Para el 2004 ingresé a una Asociación Civil de Viviendas, allí por años pertenecí y participé sin ningún progreso, transcurrían el tiempo pero sin avance, en esos años el Señor me entregó, casas y terrenos los cuales menciono en testimonios anteriores, total, nunca abandone el proyecto. Para enero 2021 el Pastor profetizó que proyectos engavetados saldrían a la luz y dije: ¿Padre eso es conmigo?, bueno lo creo y recibo y levante mis manos como señal de victoria y aceptación. Para octubre 2021 sueño que me iban a entregar una casa por medio de un sorteo, me levanto temprano y le cuento a mi hijo lo soñado, a los 3 días me llaman que tenía que asistir a una asamblea y que el Gobernador había aprobado la construcción de 100 casas y nuestra Asociación fue la única seleccionada de 45 que conforman todo el terreno, o sea, fue un sorteo.

Cuando le cuento a mi hijo, no le agradó mucho y dijo:

_Yo no me voy a mudar y que desistiera de eso.

Le dije:

_Yo voy a tener nietos y las Universidades están cerca de allí, yo si la voy a seguir, aunque no me ayudes.

Le cuento a mi esposo y él también se molestó, dijo:

_Conmigo no cuentes para nada.

Y respondí:

_Okey tranquilo.

No les presté atención y seguí emocionada y llamo a una hermana, le cuento contenta la buena noticia, era una alegría en medio del proceso de enfermedad que estaba pasando, entonces ella dijo:

_Tú no has considerado entregar esa casa a alguien que verdaderamente la necesite, yo veo eso como avaricia.

Esas palabras me cayeron mal, pero en ese instante vino a mi mente, lo que profetizó mi Pastor y el sueño donde recibí una casa por sorteo y a los tres días recibí una llamada para ir a firmar unos papeles y le contesté:

-Si mi Padre Celestial sabiendo que yo tengo casa me la entregó y por medio de mi Padre Espiritual me la profetizó, ¿Quién soy yo para no recibirla?

A los meses me entregaron la mesura del terreno y el título de propiedad está en espera para poder gestionar el crédito por el Banco y comenzar la construcción de la casa, en ese terreno privilegiado, que tiene una hermosa vista panorámica.

Marcos 4:25 Porque al que tiene, se le dará; y al que no tiene, aun lo que tiene se le quitará. **3 Juan 1:2 Amado, yo deseo que tú seas prosperado en todas las cosas, y que tengas salud, así como prospera tu alma.**

El señor quiere que seamos prosperados en todas las cosas, en todo, el que tiene sabiduría le irá aumentando a medida que vamos llenando nuestro corazón de la palabra de Dios, así como también prosperamos en salud, en lo espiritual y en lo familiar, igual en lo financiero. Él nos quiere prospero en todas las áreas de nuestras vidas.

VISTA PANORAMICA DEL TERRENO

MESURA DEL TERRENO

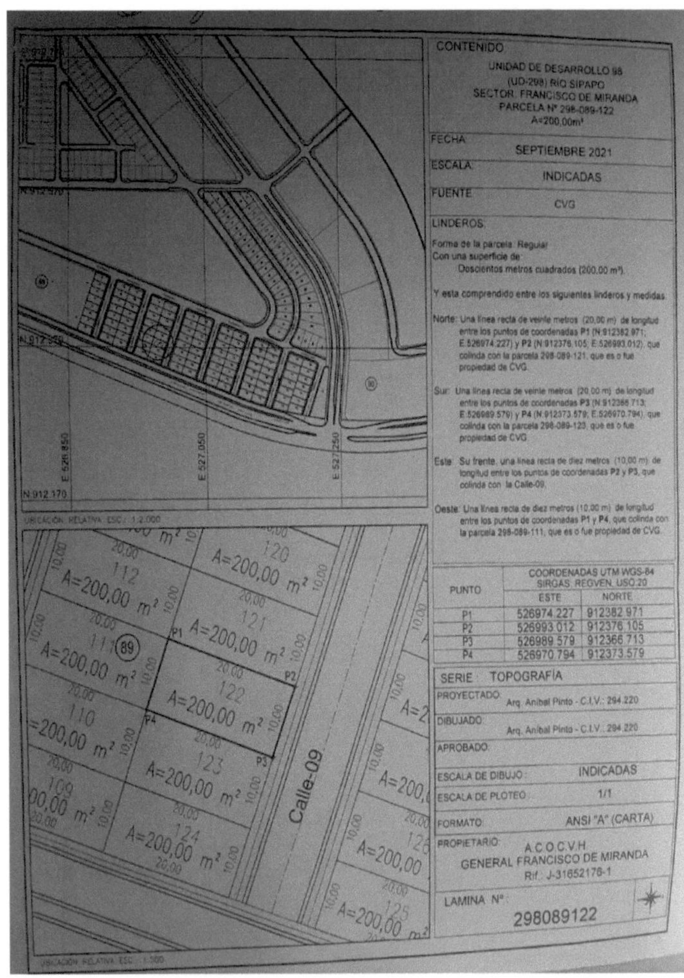

CONTENIDO

UNIDAD DE DESARROLLO 98
(UD-298) RÍO SIPAPO
SECTOR: FRANCISCO DE MIRANDA
PARCELA Nº 298-089-122
A=200,00m²

FECHA: SEPTIEMBRE 2021

ESCALA: INDICADAS

FUENTE: CVG

LINDEROS:

Forma de la parcela: Regular
Con una superficie de:
Doscientos metros cuadrados (200,00 m²).

Y esta comprendido entre los siguientes linderos y medidas:

Norte: Una línea recta de veinte metros (20,00 m) de longitud entre los puntos de coordenadas **P1** (N:912382.971; E:526974.227) y **P2** (N:912376.105; E:526993.012), que colinda con la parcela 298-089-121, que es o fue propiedad de CVG.

Sur: Una línea recta de veinte metros (20,00 m) de longitud entre los puntos de coordenadas **P3** (N:912366.713; E:526989.579) y **P4** (N:912373.579; E:526970.794), que colinda con la parcela 298-089-123, que es o fue propiedad de CVG.

Este: Su frente, una línea recta de diez metros (10,00 m) de longitud entre los puntos de coordenadas **P2** y **P3**, que colinda con la Calle-09.

Oeste: Una línea recta de diez metros (10,00 m) de longitud entre los puntos de coordenadas P1 y **P4**, que colinda con la parcela 298-089-111, que es o fue propiedad de CVG.

PUNTO	COORDENADAS UTM WGS-84 SIRGAS: REGVEN. USO:20	
	ESTE	NORTE
P1	526974.227	912382.971
P2	526993.012	912376.105
P3	526989.579	912366.713
P4	526970.794	912373.579

SERIE: TOPOGRAFÍA

PROYECTADO: Arq. Aníbal Pinto - C.I.V.: 294.220

DIBUJADO: Arq. Aníbal Pinto - C.I.V.: 294.220

APROBADO:

ESCALA DE DIBUJO: INDICADAS

ESCALA DE PLOTEO: 1/1

FORMATO: ANSI "A" (CARTA)

PROPIETARIO: A.C.O.C.V.H. GENERAL FRANCISCO DE MIRANDA Rif.: J-31652176-1

LAMINA Nº: 298089122

18 -EL RECHAZO DUELE

Estos acontecimientos fueron sucediendo paulatinamente durante mi proceso de sanidad, les platico como el enemigo siempre busca la manera de perturbar a los hijos de Dios para llevarlos a un estado de tristeza, desánimo, ansiedad, depresión y desesperación.

Pero si permanecemos firmes en el Señor, esa prueba será superada, él nos llevará a un estado de paz y tranquilidad, como lo dice en su palabra en: **Filipenses 4:7 Y la paz de Dios, que sobrepasa todo entendimiento, guardará vuestros corazones y vuestros pensamientos en Cristo Jesús.**

Un fragmento de este testimonio también lo cuento en un capítulo anterior porque tiene que ver como el Señor iba trabajando en mi sanidad espiritual. Una tarde voy a visitar a mi mamá, me sentía enferma y con varios malestares, entre ellos; decaimiento, vértigos, mareos y dolor de cabeza, vista borrosa, entre otros, ya en su casa hablando con ella, estiré la mano para tocarle el cabello, ella al ver que la iba a tocar de inmediato reaccionó y exclamó con voz alta:

_No me toquesss que estoyyy malll para que me pongasss peorrr,

El grito fue despavorido, aterrador, de una manera que mi hijo y yo quedamos atónitos, tiesos, congelados, mirándonos asombrados, respiramos y al rato decidimos irnos. Cuando íbamos de regreso, me recosté en el asiento del carro, y no pude contener el llanto, esas palabras me golpearon fuerte, era como una puñalada directo al corazón, me preguntaba: ¿En qué la podía contaminar?

Así pasé dos semanas, estuve muy dolida, callé y aguanté mi dolor y tristeza, no fue fácil por el problema de salud que para ese momento estaba atravesando, seguro pensó que al tocarla le podía transferir los malestares, soporté y el Señor me llenó de fortaleza para superar, olvidar y seguir adelante.

Seguía yendo a verla como de costumbre pero con recelo, otro día después de unas semanas, llegue a su casa, pido la bendición, pero vi que el ambiente allí estaba tenso fuerte, al entrar empezó a decir malas palabras, estaba brava porque le habían metido cizañas de otra hermana pero llegue en mal momento y pago su enojo conmigo y grito fuerte:

_Fueraaa de aquiii, te me vasss, fueraaa fueraaa, fueraaa, tu eres igual a los demás, fueraaa.

Gritaba con mucha rabia para que todos escucharan que me estaba corriendo y quedar ella como la víctima, viendo su condición de salud porque estaba gravemente enferma, respiré, callé y nos fuimos rápido para que no se alterara y pusiera peor. Otro golpe duro para mí, apenas saliendo de uno y recibo otro, bueno pasé días invadida de tristeza, y vinieron muchos pensamientos malos.

Como; "no vayas más a su casa", ¿Para qué vas a seguir aguantando maltratos?, "no la veas más, olvídate de ella, no la llames, no le des nada, ella te odia, tu no le importas, vete de viaje bien lejos como hacen los demás". Fueron muchas cosas malas que venían a mi mente, entendí que era el enemigo tratando de controlar la situación, entonces me pregunté: ¿Qué hubiera hecho Jesucristo en esta situación? y dije: "seguiré yendo, seguiré aguantando, seguiré creyendo que todo puede cambiar para mejor", y le pedí al Señor que llenara mi corazón de fortaleza y que ninguna raíz de odio y amargura entrara en mí. **Hebreos 12:15 Mirad bien, no sea que alguno deje de alcanzar la gracia de Dios; que brotando alguna raíz de amargura, os estorbe, y con ella muchos sean contaminados.**

Pasaron unos días y vuelvo a su casa con mucho temor esperando cualquier cosa mala de parte de ella, entraba y casi ni hablaba para que no se molestara, pero le había buscado una persona para que la atendiera esos días, mientras no había ido y le debía una semana de pago, entre le pedí a la señora sus datos para realizarle el pago.

En ese instante me llama una sobrina y me dijo que me iba a transferir un dinero para ayudarme a pagar, yo feliz lo acepte y completé el pago y lo realicé. Una vez hecho todo esto, voy a su cuarto alegre porque ya le había pagado a la señora y le cuento a mi mamá, cuando termino de decirle se puso tan brava y expresó:

_Ese pago era yo que tenía que hacerlo,

Habló feo, y dijo:

_Tú siempre de metida, haciendo lo indebido, yo todavía no me he muerto para que tú decidas por mí.

Callé y salí del cuarto y escuché cuando le dijo a mi hermano:

_Ella es una grandísima muérgana, él le dijo: "cállese que ella todavía está allí, volteó y me vio como asombrada"

¡Guaooo¡ otro baño de agua fría, la palabra grandísima muérgana retumbo mi mente, asi como los sucesos anteriores, recordaba y lloraba, asi pasé días, recordando y llorando, ya no quería visitarla, no quería verla, por unas semanas envié a mi hijo a llevarle las cosas que necesitaba, el enemigo seguía queriendo controlar la situación.

Y recordé que unos meses atrás, cuando ella estaba gravemente enferma, convaleciente y desahuciada por los médicos del Hospital Oncológico de Caracas-Venezuela, donde le dieron días de vida y la mandaron a su casa a morir, le iban a practicar la Eutanasia(es la intervención aceptada voluntariamente por el paciente y familiares, realizada por un profesional médico, que acelera la muerte de un paciente desahuciado, con la intención de evitar sufrimiento y dolor). Pero mis hermanos que estaban allí no lo aceptaron y la mandaron a su casa sin ningún tipo de tratamiento, porque según ellos ya no tenía vida, oraba desesperada y le pedí a mi Amado Padre que la sanara de ese mal y el Señor hizo en ella el milagro de sanidad, y la levantó, le dije a mi Padre: "sánala que yo la quería viva, aunque sea aguantando sus malos tratos".

En ese instante el Señor me recordó: "recuerdas que me pedias que la sanara que la querías viva, aunque sea aguantando sus maltratos" ahora que la tienes, huyes a la primera". ¿Dónde están las palabras que dijiste?

¡Guaooo! Respire y le pedí perdón al Señor por haber sentido resentimiento en algún momento e hice el esfuerzo de borrar de mi mente todas esas malas palabras que había recibido de ella. Pasaron los días y seguía yendo a llevarle cosas pero con mucha cautela de no hablar para no molestarla. Uno de esos días voy en la tarde y se hizo de noche esperando que alguien llegara para no dejarla sola y en eso llega un hermano biológico, estaba muy ebrio y cuando me vio se irritó tanto que empezó a discutir fuerte, a gritar y dijo:

_Yo soy el único que sirve en esta familia, los demás son unos malditos plastas de mier...

Lo repetía y repetía con voz fuerte como loco, luego se montó en su carro y se fue, dejando a mi mamá temblando de nervios. **Mateo 10:22 Y seréis aborrecidos de todos por causa de mi nombre; más el que persevere hasta el fin, éste será salvo.**

¡Guaooo! De nuevo tuvimos que respirar y aguantar, sin decir nada, al rato cuando mi mamá estaba tranquila, le dije:

_Eso que hizo su hijo está muy malo maldecir a sus 7 hermanos

y respondió:

_Él tiene razón en todo lo que dijo. En ese momento vino a mi mente este versículo:

Isaías 5:20 ¡ Ay de los que a lo malo dicen bueno, y a lo bueno malo; que hacen la luz tinieblas, y de las tinieblas luz; que ponen lo amargo por dulce, y lo dulce por amargo!

Pensé decírselo pero silencié. Pasaron unos días mientras me recupera de las palabras de maldición soltadas por mi hermano, palabras fuertes que solo Dios nos llena de fortaleza para seguir adelante, sin contiendas, sin rencor, sin resentimientos, entonces me preguntaba para llenarme de fortaleza

_ ¿Qué hubiera hecho Jesucristo en esta situación?

Esa pregunta me la hacía cuando no sabía;

_ ¿Cómo proceder? y me motivaba a callar y soportar.

Esto no termina aquí, a raíz de todo lo sucedido, y la palabra de condenación de mi hermano resonando en mi mente, hablé con una hermana de otra Iglesia para que me apoyaran con visitar a mi mamá y hablarle del buen trato a la familia en especial a sus hijos.

Seguido a esto, se me viene una grandísima y espectacular idea, según la sabiduría humana, y decidí escribirle a la Pastora de mi mamá, que desconocía la forma de ella tratar a sus hijos, porque delante de la Pastora y los hermanos de su iglesia, era otra persona, tranquila, apacible y cariñosa, ella sabía que era de carácter fuerte pero no a tal extremo.

Bueno le escribí por whats app, me destaqué, le escribí todo tal cual lo escribo aquí, cuando terminé de escribir y enviar el último mensaje eran pasado las 10:00 PM., en ese momento, sentí que había hecho mal que si tenía tantos años callando ¿Para qué hablar ahora?, pero ya era tarde, había enviado los mensajes y no pude borrarlos.

Bueno me quedé dormida, y soñé que una voz me dijo al oído derecho: **"Yo soy, el único que puede arreglarlo todo"**, y desperté, era de madrugada y entendí de inmediato, que lo que había hecho estaba mal, y busque rápido los mensajes para borrarlos pero ya la Pastora los había leído.

Sentí una gran culpabilidad por lo que había hecho y hablé con la Pastora que me disculpara porque estaba abrumada por todo lo sucedido y busqué por todos lados ayuda humana, ignorando que la ayuda viene de lo alto y el único que puede ayudarnos es nuestro Padre, y él nos dice en su palabra;

Jeremías 32:27 He aquí que yo soy Jehová, Dios de toda carne; ¿Habrá algo que sea difícil para mí?

A todas estas la pastora me envió un emoji de asombro y no dijo palabra alguna, a los días comenzó a realizar cultos todos los lunes en la casa de mi mamá, y desde allí el trato de mi mamá hacia sus hijos comenzó a mejorar.

Seguido a esto, sucedió otro acontecimiento donde hablé con una persona que vive en su casa, le pregunte por una situación que estaba sucediendo, él se sintió descubierto, y no le gusto, al finalizar la conversación, le dije:

_No le cuentes a mi mamá que yo hablé contigo porque se puede molestar y ella no está en condiciones de escuchar nimiedades, y si le pasa algo, la culpa va recaer sobre ti, le dije:

_Si le cuentas; ella me va a correr o llamar grandísima muergana, tú sabes que lo ha hecho, porque parece que me odia.

Él fue e hizo lo que le convenía para hacerme quedar mal y ella entendió lo contrario, que yo había dicho, que ella era una grandísima muergana y que la odiaba, eran sus palabras, las había utilizado toda su vida pero le afectó mucho pensar que yo la había llamado asi, creyó lo que dijo un particular y no en su hija, y se sintió mal de salud por rabia que agarró y empezó a decirle a y mis hermanos que casi se muere por mi culpa, para crear un conflicto familiar.

Nota: Nunca entenderás, que tan malo fue lo que hiciste, hasta que te lo hacen, triste realidad. Pasaron días y la dejé tranquila sin decirle nada, me veía con rabia, y para que ella se olvidara de lo ocurrido, me fui de viaje 10 días a otro Estado y fue peor, se llenó más de coraje conmigo porque la dejé sola.

A la semana el Señor le mostró un sueño donde ella vio a sus tres hijas hermosas y vestidas con ropas lujosas, arreglándose para ir de viaje, en eso ella busco ropas caras para ella y no encontró, eso le dio tanta rabia en el sueño que despertó casi sin poder respirar, ya despierta sentía la rabia intacta y de nuevo le dio algo feo según ella por mi culpa.

A los días me contó el sueño y me dijo:

_Que casi se muere porque soñó que nos vio hermosas con ropas muy lujosas, preparándonos para un viaje y ella no tenía para ropa buena para vestirse y eso la llenó de tanta ira que a duras penas puro respirar, solo la escuche, mientras hablaba la iba analizando, allí entendí que el Señor estaba tratando con ella para que sacara de su corazón de ese odio sin motivo hacia sus hijas.

Discerní que era una condenación generacional, que tenía que romperse, ya que, mi abuela murió odiándola, porque cuando ella nació, mis abuelos esperaban varón y salió hembra, ella creció con ese rechazo.

Luego del sueño que el Señor le mostró a mi mamá, su trato mejoró y fue visible hacia sus hijas, el Señor le hizo recapacitar que ella era la que guardaba odio en su corazón, ahora demuestra estar tranquila, cuando estamos con ella, el Señor trabaja en su corazón.

Reflexiones: En mi familia los únicos creyentes para ese tiempo, éramos mi mamá, mi hijo y yo, por eso el enemigo, nos tiró duro, porque casi a diario íbamos a orarle, y le llevábamos la palabra de Dios, pero el adversario nos quiso alejar de la familia.

Dios en su misericordia llenó de fortaleza mi corazón para soportar esa dura prueba, porque entendí que estaba siendo zarandeada por el enemigo para contaminarme de rabia, odio, resentimientos, y de esa manera perder las promesas de bendición recibidas por Dios Padre.

Ahora lo cuento con un gozo en mi corazón por haber recibido esas enseñanzas, él dio una lección de vida que puede servir de bendición a otros, entendí que no era ella, que el enemigo anda como león rugiente buscando a quien devorar y la utilizaba para perturbarnos y hacer que actuáramos mal y abandonáramos las oraciones hacia ella, pero el propósito de Dios era otro y el enemigo quedó avergonzado porque mi hijo y yo seguimos honrándola como lo dice la escritura en:

Efesios 5:2 Honra a tu padre y a tu madre, que es el primer mandamiento por promesa;

Efesios 5:3 Para que te vaya bien, y seas de larga vida sobre la tierra.

1 Pedro 5:8 Sed sobrios, y velad; porque vuestro adversario el diablo, como león rugiente, anda alrededor buscando a quien devorar.

Santiago 4:7 Someteos, pues, a Dios; resistid al diablo, y huirá de vosotros.

El rechazo es muy doloroso y humillante pero si no tenemos a Cristo en el corazón, nos puede destruir y producir enfermedades físicas como emocionales y asi dañar nuestra vida, Jesucristo fue rechazado, escupido, despreciado, desechado, menospreciado y apedreado por su gente, los judíos, una y permaneció firme.

Juan 1:11 A lo suyo vino, y los suyos no le recibieron.

Juan 10: 31 Entonces los judíos volvieron a tomar piedras para apedrearle.

Isaías 53:3 Despreciado y desechado entre los hombres, varón de dolores, experimentado en quebrantos; y como que escondimos de él el rostro, fue menospreciado, y no lo estimamos.

Jesús Nazareno nunca pagó maldición por maldición, él solo dijo en:

Lucas 23:34 Y Jesús decía Padre, perdónalos, porque no saben lo que hacen. Y repartieron entre sí sus vestidos, echando suertes.

Siempre Dios utiliza medios para llevarnos a cosas nuevas para demostrar su gloria y grandeza. Al final de todos esos rechazos y el largo proceso de enfermedad, me encerré en la casa, luego el Señor poco a poco fue sanando mi cuerpo, alma y espíritu, además de guiarme para escribir este libro que ahora estás leyendo.

Cuando somos rechazados debemos saber que no estamos solos, que continuamente Dios está acompañándonos y siempre hay un propósito detrás de cada proceso vivido, que nos llevan a ser mejores seres humanos.

Espero que estos testimonios sean para usted como agua fresca en el desierto y que estas vivencias le sirvan de ayuda en un determinado momento. **Salmo 118:22 La piedra que desecharon los edificadores ha venido a ser cabeza del ángulo.**

"La familia importa y mucho, la familia es un tesoro invaluable, el más grande que Dios Padre nos entrega, por eso debemos valorarlos" y les digo según la palabra en: **1 Samuel 25:6 Y decidle así: sea paz a ti, y paz a tu familia, y paz a todo cuanto tienes.**

Este epítome recopila unas series de testimonios reales de las manifestaciones celestiales que Jehová ha hecho en mi vida, luego de recibirme como su hija, todo lo escrito en este libro es totalmente verdadero, siempre guiada bajo la unción de Espíritu Santo, sin él no hubiera tenido la voluntad, ni la inquietud de escribir.

El señor fue guiando, instruyendo y llenándome de conocimientos y sabiduría que ayudaron a plasmar sueños, visiones y revelaciones cumplidas, nada de lo escrito es fábula o mentira, el que conoce verdaderamente al Dios vivo, sabe que en esta lectura no hay engaños.

Hago la salvedad porque este fragmento literario va hacer leído por personas que aún no conocen como el Señor trabaja en las vidas de los que un día decidimos entregarnos de todo corazón a él. Son experiencias verídicas extraordinarias que transcienden las perspectivas humanas que día a día nos llenan de su maravillosa unción, y así, poder entregarles a nuestros apreciados lectores lo que recibimos por gracia del Eterno para que través de estos testimonios seas más bendecido. Para finiquitar, quiero expresar que el propósito de este libro, no es para exaltarme, ni gloriarme de la presencia de Jesucristo en mi existencia, sino para que cada persona que lea estas líneas entienda que si dejan que el Espíritu Santo entre en su vida y si se enamoran de él por siempre, entonces le aguardarían cosa con lo dice la palabra:

1 Corintios 2:9 Antes bien, como está escrito: Cosas que ojo no vio, ni oído oyó, ni han subido en corazón de hombre, son las que Dios ha preparado para los que le aman. Y si aceptamos a Jesucristo como nuestro único y verdadero salvador, nos convertimos en hijo de Dios, como está escrito en:

1 Juan 3:1 Mirad cuál amor nos ha dado el Padre, para que seamos llamados hijos de Dios; por esto el mundo no nos conoce, porque no le conoció a él.

Y somos establecidos en su reino, como herederos del Padre y coheredero de Cristo, tenemos su ADN en nuestra sangre. **1Juan 3:9 Todo aquel que es nacido de Dios, no practica el pecado, porque la simiente de Dios permanece en él; y no puede pecar porque es nacido de Dios**.

Nos es dada autoridad para hacer huir las tinieblas. **Lucas 10:19 He aquí doy potestad de hollar serpientes y escorpiones, y sobre toda fuerza del enemigo, y nada os dañará.**

Por lo tanto: declaro sobre tu vida, cielos abiertos, para que recibas la bendición de nuestro Padre Celestial, para que recibas ese milagro por el cual estas clamando, para que recibas restauración en tu hogar y en cualquier área de tu vida.

Que el diseño original de Dios sea plantado en tu ser y te levantes como triunfador, arrebatando la victoria y el botín de la conquista en el nombre del Dios Padre, Dios Hijo y Dios Espíritu Santo. **3 Juan 1:2 Amado, yo deseo que tú seas prosperado en todas las cosas, y que tengas salud, así como prospera tu alma.**

Si deseas aceptar a Jesucristo como tu salvador. Repite en vos alta esta oración y preséntate a la Iglesia de tu agrado más cercana.

Padre eterno, Padre bueno, hoy me presento ante tu presencia y reconozco que soy pecador, que he hecho lo malo antes tus ojos y estoy arrepentido, deseo que perdones mis pecados, por eso vengo hoy a ti para pedirte que entres en mi corazón y en mi vida, creo que enviaste a tu único hijo Jesús a la tierra para morir por mí, te confieso que acepto al Señor Jesucristo como mi único y verdadero salvador, te pido que me hagas una nueva persona, inscribe mi nombre en el libro de la vida eterna y no sea borrado jamás, ayúdame a servirte, a amarte, a honrarte y alabarte, hasta que me lleves a tu gloria. Amén, amén y amén.

Te invito a escribir tu opinión al correo electrónico: WILLEIND@GMAIL.COM, y si necesitas palabra de Dios. Gracias. ¡BENDICIONES.

Mi versículo preferido:

Zacarías 4:6: Entonces respondió y me habló diciendo: Esta es palabra de Jehová para Zorobabel, que dice: "No con ejército, ni con fuerza, sino con mi espíritu, ha dicho Jehová de los ejércitos".

- Reina Valera 1.960 Santa Biblia

- Todos los versículos utilizados en esta obra fueron tomados de la Santa Biblia Reina Valera 1.960.

Printed by Books on Demand GmbH, Norderstedt / Germany